LIBRO DE RE[...] VERDURAS SENCILLAS Y SABROSAS PARA TODOS

100 FORMAS INSPIRADORAS DE COCINAR VERDURAS

ERCILIA VILCHEZ

TABLA DE CONTENIDO

INTRODUCCIÓN

Preparar más verduras y cocinar en casa es una estrategia sencilla que puede mejorar mucho tu salud. Además, la investigación ha informado que preparar comida en casa está asociado con un menor consumo de comida rápida y menos dinero gastado en comida.

Uno de los primeros pasos para cocinar más en casa es aprender diferentes formas de cocinar verduras frescas. Estas habilidades le permitirán hacer que las verduras sean la estrella de sus comidas, lo que a su vez le proporcionará toneladas de nutrientes beneficiosos y mejorará su salud.

Métodos básicos de cocción de verduras.

A. EL CORTAR

Picar es lo más básico que puede obtener, y es algo que los cocineros caseros experimentados pueden dar por sentado. Pero no todos aprenden a rebanar, cortar en dados y en juliana las verduras cuando son niños. Es por eso que picar es la primera y más importante habilidad que debes dominar si quieres convertirte en un mejor cocinero y comer más vegetales.

B. AL VAPOR

Cocer al vapor es una técnica milenaria para preparar verduras. A veces se pasa por alto, ¡pero realmente hace el trabajo! Además, la investigación muestra que cocinar al vapor algunas verduras puede conservar sus nutrientes más que otros métodos de cocción. Cocer al vapor una verdura significa exponerla a agua caliente para ablandar la comida y hacerla más tierna.

C. HIRVIENDO

Hervir las verduras es una de las formas más fáciles de prepararlas. Si bien la ebullición puede hacer que algunos nutrientes se filtren de las verduras al agua, ese no es el caso para todos los tipos de verduras. A veces, hervir es la forma más eficaz de cocinar patatas y otros tubérculos firmes, incluso si se pierden algunos nutrientes. Y si está comiendo una variedad de vegetales cocidos y crudos, no necesita preocuparse por preservar la nutrición óptima de cada comida.

D. SALTEANDO

Saltear una verdura significa cocerla en algún tipo de grasa a fuego alto. Las grasas más comunes que se usan para saltear son el aceite de oliva virgen extra, el aceite de aguacate, la mantequilla e incluso el aceite de coco. También puede agregar ajo picado, hierbas y especias, y/o sal y pimienta para saltear.

E. MARINANDO

Una vez que comience a sentirse más cómodo en la cocina, ¡puede crear adobos para verduras! Cepillar o remojar las verduras en una mezcla de aceite de oliva, especias, hierbas y otros saborizantes antes de cocinarlas puede aumentar su sabor y ternura una vez cocinadas. Las verduras marinadas se pueden saltear, asar o asar a la parrilla.

F. ASADO

Si eres nuevo en asar verduras, ¡no tienes idea de lo que te estás perdiendo! El asado transforma por completo los sabores y texturas de las verduras crudas. Muchas personas descubren que las verduras que odian absolutamente comer crudas son algunas de sus favoritas para comer asadas.

G. DECAPADO RÁPIDO

El encurtido rápido es una técnica sencilla y divertida para preparar verduras. Aunque el encurtido puede sonar intimidante, hacer vegetales en escabeche (encurtidos refrigerados, no del tipo no perecedero) es increíblemente fácil. Con un poco de vinagre, azúcar y especias, puede encurtir casi cualquier tipo de verdura.

1. Judías verdes con sésamo

Rendimiento: 8 porciones

Ingredientes

- 2 libras de judías verdes, sin tallo
- 3 cucharadas de aceite de sésamo
- 1 cucharada de vinagre de arroz
- 1 cucharada de jugo de limón
- 1 cucharadita de jengibre fresco rallado
- 2 cucharadas de semillas de sésamo
- $\frac{1}{4}$ cucharaditas de sal kosher

Direcciones:

a) Pon agua a hervir en una olla grande. Cocine las judías verdes hasta que estén tiernas pero crujientes, de 3 a 4 minutos. Escurra el agua y déjela a un lado.

b) En un tazón grande, combine los otros ingredientes y mezcle hasta que estén bien combinados. Mezcle las judías verdes y revuelva bien para incorporar.

c) Agregue pimienta recién molida al gusto.

2. Zanahorias a la plancha

Rendimiento: 4 porciones

Ingredientes
- 4 tazas de zanahorias, en rodajas
- 4 dientes de ajo – en rodajas
- 1 cucharadita de aceite
- 1 taza de agua purificada
- 1 cucharadita de sal marina

Direcciones:

a) En una sartén a fuego medio, cocina el ajo para luego agregar el agua.

b) Mezcle las zanahorias y llévelas a ebullición, luego baje a fuego lento y cubra durante 10 minutos. Servir inmediatamente.

3. Repollo rojo estofado con tocino

Rendimiento: 4-6 porciones

Ingredientes

- 6 rebanadas de tocino, picadas en trozos grandes
- 1 cucharada de azúcar
- 1 cebolla amarilla grande, finamente picada
- Sal kosher y pimienta negra, al gusto
- 1 manzana granny smith, pelada y picada
- 1/3 taza de oporto
- $\frac{1}{4}$ taza de vinagre de vino tinto
- 1 repollo rojo de cabeza grande, rallado
- 2 tazas de caldo de pollo
- 1/4 taza de mermelada de grosella roja

Direcciones:

a) Cocine el tocino durante 5 minutos, o hasta que esté apenas crujiente.

b) Agregue el azúcar y cocine por otros 30 segundos.

c) Agregue las cebollas, la sal y la pimienta y cocine a fuego lento, revolviendo periódicamente, durante unos 10 minutos o hasta que estén doradas y tiernas.

d) Agregue las manzanas, reduzca el fuego a medio-bajo, cubra y cocine a fuego lento hasta que las manzanas estén blandas, aproximadamente 20 minutos.

e) Mezcle la mezcla de cebolla y manzana con el oporto, el vinagre y el repollo, y revuelva para incorporar.

f) Cocine, tapado, de 5 a 7 minutos, o hasta que el repollo esté de un color morado intenso y ligeramente marchito.

g) Agregue el caldo y sazone con sal y pimienta. Sube el fuego a medio-alto y lleva la mezcla a ebullición.

h) Agregue la gelatina de grosella roja, sazone con sal y pimienta y cocine a fuego lento durante otros 4-5 minutos.

4. Patatas Gratinadas Veganas

Rendimiento: 6 porciones

Ingredientes:
- 6-8 papas en rodajas finas
- 1 lata de sopa vegana de queso cheddar
- 1-1/2 tazas de queso cheddar vegano rallado
- 1 lata (12 oz.) de leche de almendras evaporada
- Sal y pimienta

Direcciones:

a) Rocíe el interior de la olla de cocción lenta con aceite en aerosol.

b) Coloque la mitad de las papas cortadas en la olla eléctrica.

c) Agregue 1/2 lata de sopa en trozos, 3/4 taza de queso rallado y 1/2 lata de leche de almendras. Sazone al gusto con sal y pimienta.

d) Coloque los ingredientes restantes en capas en el mismo orden que el primero.

e) Cocine durante 6 horas en alto.

5. puré de papas rojas

Rendimiento: 20 porciones

Ingredientes:

- 10 libras papas rojas
- 2 barras de mantequilla
- 2 tazas de crema agria
- 3/4 taza de leche
- 2 cucharaditas de ajo en polvo
- sal y pimienta para probar

Direcciones:

a) En una cacerola grande, hierva las papas hasta que estén blandas.
b) Colar en un colador.
c) En un recipiente grande para mezclar, coloque las papas calentadas.
d) Mezcle la mantequilla en las papas con una batidora.
e) Mezcle o triture los ingredientes restantes.
f) Atender.

6. Coliflor con Peras y Avellanas

Rendimiento: 8 porciones

Ingredientes

- 3 onzas. (6 Cucharadas.) de mantequilla sin sal
- 1 cabeza de coliflor, cortada en pequeños floretes
- 1/2 taza de avellanas tostadas y picadas
- 8 hojas de salvia fresca, en rodajas finas
- sal kosher y pimienta negra molida
- 2 peras maduras, sin corazón y en rodajas finas
- 2 cucharadas. perejil de hoja plana fresco picado

Direcciones:

a) Derrita la mantequilla en una sartén de 12 pulgadas a fuego medio-alto hasta que esté ligeramente dorada y burbujeante. Agregue la coliflor, las nueces y la salvia y cocine, revolviendo periódicamente, durante 2 minutos.

b) Agregue 1 cucharadita de sal y 1/2 cucharadita de pimienta y cocine a fuego lento, volteando periódicamente, durante otros 6 a 7 minutos, o hasta que la coliflor esté dorada y tierna pero crujiente.

c) Agregue rodajas de pera y perejil y mezcle las peras suavemente.

d) Agregue sal adicional al gusto.

7. Natillas De Maíz

Rendimiento: 4 porciones

Ingredientes

- 4 tazas de maíz
- 1 cucharada de mantequilla
- 1 cucharada de cebolla picada
- 1 cucharada de harina
- 1 taza de crema
- 5 huevos
- Sal y pimienta

Direcciones:

a) En una sartén antiadherente, saltear las cebollas. Agregue la harina hasta que todo esté bien combinado.

b) Mezcle el maíz congelado, junto con cualquier líquido. Aumenta la temperatura a alta.

c) Mezcle el maíz hasta que casi todo el líquido se haya evaporado. Añadir la nata y hervir durante 2-3 minutos.

d) En un tazón grande, mezcle los huevos, la sal y la pimienta. Batir la mezcla de cebolla y maíz lentamente.

e) Pruebe y sazone con sal y pimienta adicionales si lo desea.

f) Vierta la mezcla en una fuente para horno y hornee durante unos 30 minutos, o hasta que la crema se haya endurecido.

8. Coles de Bruselas asadas simples

Rendimiento: 4 porciones

Ingredientes

- 4 tazas de coles de Bruselas, blanqueadas
- tocino de $\frac{1}{4}$ de libra
- Una pizca de tomillo fresco
- Sal y pimienta.

Direcciones:

a) Corta el tocino en dados pequeños. Cocine el tocino en una sartén de fondo grueso para eliminar la grasa, pero no quede crujiente.

b) Mezcle los brotes con la grasa de tocino y los trozos de tocino.

c) Asar los brotes en un horno a 400° con unas ramitas de tomillo fresco en una bandeja para horno.

d) Cubra los brotes con papel de aluminio durante los primeros 5 minutos, luego retire la cubierta durante los 5 minutos restantes.

e) Salpimienta los brotes y colócalos en un tazón para servir.

9. Maíz Frito

Rendimiento: 4 porciones

Ingredientes

- 1 paquete de maíz congelado
- 1 CUCHARADA de mantequilla
- 4-5 CUCHARADAS de nata
- nuez moscada fresca rallada
- Sal y pimienta
- $\frac{1}{4}$ cucharaditas de tomillo seco

Direcciones:

a) En una sartén antiadherente a fuego medio-alto, derrita la mantequilla. Agregue el maíz y el tomillo seco y revuelva hasta que casi todo el líquido se haya evaporado.

b) Vierta la crema. Sazone con nuez moscada, sal y pimienta al gusto.

c) Suba el fuego a alto y continúe cocinando hasta que el maíz esté completamente cubierto con crema.

10. coliflor con salsa de queso

Rendimiento: 2-4 porciones

Ingredientes

- 1 cabeza de coliflor, blanqueada
- 1 taza de leche
- 1 taza de queso rallado
- 11/2 CUCHARADAS de mantequilla
- 1 cucharadita de mostaza Dijon
- $1\frac{1}{2}$ CUCHARADAS de harina
- Sal y pimienta

Direcciones:

a) En una cacerola de fondo grueso, derrita la mantequilla. Batir la harina hasta que esté bien humedecida con la mantequilla.

b) Agregue la leche y cocine a fuego lento, revolviendo constantemente, hasta que la salsa se espese.

c) Agregue el queso hasta que todo esté bien combinado. Añadir sal y pimienta al gusto.

d) Mezcle la coliflor con la salsa de queso y sirva de inmediato o manténgala caliente en el horno.

11.   Zanahorias Glaseadas con Brandy

Rendimiento: 8 porciones

Ingredientes

- 2 libras. zanahorias, peladas y cortadas en monedas
- $\frac{1}{2}$ taza de azúcar moreno
- $\frac{1}{2}$ taza de mantequilla
- $\frac{1}{2}$ taza de brandy Agua

Direcciones:

a) Derrita la mantequilla en una sartén para saltear. Mezcle las zanahorias y el azúcar con la mantequilla.

b) Cocina las zanahorias a fuego medio hasta que empiecen a caramelizarse.

c) Flamear el brandy hasta que se consuma.

d) A medida que la humedad se evapora, agregue un poco de agua a la vez para mantener las zanahorias cocinándose y evitar que se peguen.

e) Cocine hasta alcanzar el nivel de cocción deseado.

12. Nabos Estofados De Acción De Gracias

Rendimiento: 4 porciones

Ingredientes

- $\frac{1}{2}$ libras nabos, pelados y cortados en gajos
- 2 cucharadas de pasta de tomate
- 2 cucharadas de mantequilla
- 1 cebolla, pelada y cortada en cubitos
- 1 cucharadita de tomillo seco
- 1 zanahoria, pelada y cortada en cubitos
- 1 hoja de laurel
- 2 tallos de apio, cortado en cubitos
- Sal y pimienta
- $1\frac{1}{2}$ tazas de caldo o agua
- 2 cucharadas de mantequilla, ablandada
- 1 cucharada de harina

Direcciones:

a) En una cacerola mediana, derrita la mantequilla. Agregue la cebolla, el apio y la zanahoria.

b) Cocine por aproximadamente 5 minutos. Agregue el caldo, la pasta de tomate, el tomillo y la hoja de laurel a la mezcla de nabos, cebolla, zanahoria y apio.

c) Cocine durante 30 a 40 minutos, tapado, en un horno a 350°F.

d) Mientras se cuecen los nabos, hacer una pasta con la mantequilla y la harina.

e) Transfiera los nabos a un plato para servir y manténgalos calientes en la sartén.

f) En una cacerola pequeña, cuele el líquido para estofar. Agregue trozos de la mezcla de harina de mantequilla a la salsa y bata hasta que espese.

g) Sazone con sal y pimienta y luego vierta la salsa sobre los nabos.

13.   Salchicha y Nabos

Rendimiento: 6 porciones

Ingredientes

- 1 libra de salchichas mocosas, cortadas en trozos de 1 pulgada
- 2 CUCHARADAS de aceite
- 6-8 nabos, blanqueados
- 2 CUCHARADAS de mantequilla
- 1 taza de caldo de pavo
- Sal y pimienta

Direcciones:

a) Precaliente el horno a 350°F.
b) En el aceite, saltee la salchicha durante tres o cuatro minutos. Transferir a una cacerola.
c) Regresa la sartén al fuego a fuego medio, quitando el aceite y la grasa. Agregue los nabos a la mantequilla derretida.
d) Agrega el caldo de pavo y sal y pimienta al gusto.
e) Transfiera los nabos a la cacerola con el líquido hirviendo.
f) Hornea los nabos durante 45 minutos, o hasta que se puedan pinchar con la punta de un cuchillo.

14.   Patatas Gratinadas

Rendimiento: 6 porciones

Ingredientes

- 2 libras de papas, peladas y rebanadas
- 2 cucharadas de mantequilla derretida
- 1/2 cucharadita de sal
- 1/4 cucharadita de pimienta negra
- 1 taza de queso Cheddar fuerte rallado
- 1/4 taza de pan rallado fresco

Direcciones:

a) Precaliente el horno a 425°F.
b) Usando aceite en aerosol, cubra una cacerola poco profunda de 1-1/2 cuartos.
c) Coloque capas de papas rebanadas en la cacerola.
d) Rocíe con mantequilla derretida y sazone con sal y pimienta.
e) Adorne con pan rallado y queso Cheddar rallado.
f) Cocine por 30 minutos, tapado o hasta que las papas estén cocidas.

15.   Crema de espinacas

Rendimiento: 4 porciones

Ingredientes

- 2 cucharadas de mantequilla
- 2 cucharadas de harina para todo uso
- 2 paquetes (10 onzas) de espinacas picadas congeladas, descongeladas y bien escurridas
- 1 taza (1/2 pinta) de crema espesa
- 1/2 cucharadita de nuez moscada molida
- 1/2 cucharadita de ajo en polvo
- 1/2 cucharadita de sal

Direcciones:

a) Derrita la mantequilla en una sartén grande a fuego medio; bata la harina hasta que esté dorada.

b) Agregue los ingredientes restantes, mezcle bien y cocine a fuego lento durante 3 a 5 minutos, o hasta que esté bien cocido.

16.   Succotash

Rendimiento: 6 porciones

Ingredientes

- 2 tazas de maíz al vapor
- 2 tazas de habas, cocidas
- $\frac{1}{2}$ cucharadita de sal
- Pimienta
- 2 cucharadas de aceite de coco
- $\frac{1}{2}$ taza de leche de coco

Direcciones:

a) Mezcle el maíz y los frijoles, sazone con sal y pimienta.

b) Añadir la leche y el aceite y llevar a ebullición.

c) Servir inmediatamente.

17. Bruselas con panceta

Rendimiento: 4 porciones

Ingredientes

- 1/2 libra de panceta cortada en dados pequeños
- 2-3 cucharadas de aceite de oliva divididas
- 1 libra de coles de Bruselas frescas
- 2 cucharadas de jarabe de arce
- 1 cucharada de vinagre balsámico blanco
- sal kosher y pimienta negra molida

Direcciones:

a) Caliente 1 cucharada de aceite de oliva en una sartén grande de hierro fundido a fuego medio. Cocine la panceta hasta que esté aromática y comience a crujir. Escurrir en un plato forrado con toallas de papel y reservar.

b) Corta los extremos de las coles de Bruselas y córtalas por la mitad desde la raíz hasta las puntas.

c) Coloque las coles de Bruselas con el lado cortado hacia abajo en una capa igual en la sartén y cocine durante 4-5 minutos, o hasta que las coles comiencen a dorarse y caramelizarse, luego voltee, sazone con sal kosher y pimienta negra, reduzca a medio y cubra con una tapa

d) Regrese la panceta a la sartén.

e) Mezcle con la cucharada restante de aceite de oliva, jarabe de arce y vinagre balsámico, y caliente por uno o dos minutos más.

f) Agregue sal kosher adicional y pimienta negra molida al gusto, luego sirva.

18.   Puerros salteados con parmesano

Rendimiento: 6 porciones

Ingredientes

- 6 puerros finos, cortados por la mitad a lo largo
- 2 cucharadas de aceite de oliva
- Sal kosher
- Pimienta negra recién molida
- $\frac{1}{4}$ de taza de vino blanco seco o semiseco
- 3 cucharadas de caldo de pollo sin sal
- 1 cucharada de mantequilla sin sal
- 3 cucharadas de queso parmesano recién rallado

Direcciones:

a) Agregue el aceite a una sartén grande de fondo grueso y caliente a fuego medio.

b) Cuando el aceite esté caliente, coloque los puerros en una sola capa, con el lado cortado hacia abajo.

c) Mezcle los puerros con pinzas hasta que estén ligeramente dorados, de 3 a 4 minutos.

d) Sal y pimienta a los puerros, luego voltéalos con el lado cortado hacia abajo.

e) Agregue el vino para desglasar la sartén. Llene la olla con suficiente caldo de pollo para cubrir la parte superior de los puerros.

f) Llevar a ebullición, luego reducir a fuego lento y tapar y cocinar durante 15-20 minutos, o hasta que los puerros estén blandos.

g) Lentamente rocíe la mantequilla.

h) Coloque los puerros con el lado cortado hacia arriba en un plato y cubra con queso.

19.   Remolacha asada con cítricos

Rendimiento: 4 porciones

Ingredientes

- 6 a 8 remolachas rojas o amarillas medianas
- Aceite de oliva virgen extra, para rociar
- 1 naranja navel grande
- Vinagre de Jerez Dash o vinagre balsámico
- Jugo de $\frac{1}{2}$ limón, o al gusto
- Un puñado de hojas de berro, o rúcula o microgreens
- Sal marina y pimienta negra molida
- Queso de cabra o feta
- nueces o pistachos picados

Direcciones:

a) Precaliente el horno a 400 grados Fahrenheit.

b) Rocíe las remolachas generosamente con aceite de oliva, pizcas de sal marina y pimienta negra recién molida.

c) Envuelva las remolachas en papel aluminio y áselas durante 35 a 60 minutos, o hasta que estén blandas y tiernas.

d) Saca las remolachas del horno, quita el papel aluminio y déjalas a un lado para que se enfríen.

e) Pelar las pieles cuando estén frías al tacto. Córtalos en gajos o trozos de 1".

f) Corta la naranja en tercios y guarda el 1/4 de cuña restante para exprimir.

g) Mezcle las remolachas con aceite de oliva y vinagre de jerez, jugo de limón, jugo de naranja exprimido de la cuña restante y unas pizcas de sal y pimienta. Refrigere hasta que esté listo para servir.

h) Agregue sal y pimienta extra o vinagre al gusto antes de servir.

i) Coloque los gajos de naranja, los berros y los rizos de cítricos en un plato.

20.   Calabaza Delicata Con Manzanas

Rendimiento: 4 porciones

Ingredientes

- 2 calabazas delicadas, cortadas en trozos de $\frac{1}{2}$ pulgada
- $\frac{1}{2}$ taza de cebollas perla, cortadas a la mitad
- Aceite de oliva virgen extra, para rociar
- 2 cucharadas de pepitas y/o piñones
- 2 tazas de col rizada lacinato desgarrada, de 2 a 3 hojas
- 6 hojas de salvia picadas
- Hojas de 3 ramitas de tomillo
- 1 manzana gala pequeña, cortada en cubitos
- Sal marina y pimienta negra recién molida

Direcciones:

a) Precaliente el horno a 425 grados Fahrenheit y cubra una bandeja para hornear con papel pergamino.

b) Rocíe aceite de oliva y pizcas grandes de sal y pimienta sobre la calabaza y las cebollas en la bandeja para hornear.

c) Mezcle para cubrir, luego extienda sobre la hoja para que no se toquen. Asar durante 25 a 30 minutos, o hasta que la calabaza esté dorada por todos lados y las cebollas estén tiernas y caramelizadas.

d) Mezcle las pepitas con una pizca de sal en una sartén pequeña a fuego medio-bajo y tueste durante unos 2 minutos, revolviendo con frecuencia. Dejar de lado. Agregue la col rizada, la salvia y el tomillo.

e) Combine la calabaza y las cebollas asadas tibias, las manzanas, la mitad de las pepitas y la mitad del aderezo en un tazón grande para hornear. Sacudida.
f) Hornear durante 8 a 10 minutos.
g) Rocíe con el aderezo restante y cubra con las pepitas restantes justo antes de servir.

21. puré de batatas con melaza

Rendimiento: 8 porciones

Ingredientes
- 4 batatas, cortadas en trozos de 1 pulgada
- 8 zanahorias pequeñas, cortadas en trozos de 1 pulgada
- 4 chirivías medianas, cortadas en trozos de 1 pulgada
- Sal kosher
- 4 cucharadas. mantequilla sin sal
- 1/4 taza de crema agria
- 1/4 taza de melaza
- 1 cucharadas. jengibre fresco finamente rallado
- 1/2 taza mitad y mitad
- Pimienta negra recién molida

Direcciones:
a) Coloque las batatas, las zanahorias y las chirivías en una cacerola grande y cúbralas con agua.

b) Llevar a ebullición, luego reducir a fuego lento y cocinar durante 15 a 20 minutos, o hasta que las verduras estén blandas. Escurrir y volver a la cacerola.

c) Seque las verduras en la sartén, sacudiendo la sartén de vez en cuando para evitar que se peguen.

d) Agregue la mantequilla, la crema agria, la melaza, el jengibre y la mitad y mitad.

e) Agregue sal y pimienta, pruebe y ajuste las especias antes de servir.

22. Cebolla Perla Gratinada Con Parmesano

Rendimiento: 8 porciones

Ingredientes

- 2 libras de cebollas perla congeladas, descongeladas
- 1 taza de crema espesa
- ramitas de 34 pulgadas de tomillo fresco
- sal kosher y pimienta negra molida
- 3cucharadas. mantequilla sin sal, derretida
- 1 taza de pan rallado grueso y fresco
- 1/4 taza de Parmigiano Reggiano rallado
- 1/2 cucharaditas de hojas secas de ajedrea, desmoronadas

Direcciones:

a) Precaliente el horno a 400 grados Fahrenheit.

b) En una cacerola grande, caliente las cebollas y el agua.

c) Mientras las cebollas se calientan, revuélvalas y sepárelas con un tenedor. Reduzca el fuego a medio, cubra y cocine por 5 minutos una vez que el agua haya hervido. Escurrir bien y secar.

d) En una cacerola pequeña a fuego medio-alto, combine la crema, el tomillo y 1/2 cucharadita de sal. Llevar la crema a ebullición. Retire las ramitas de tomillo de la crema y deséchelas.

e) Mientras tanto, cepille 1 cucharada de mantequilla en una taza poco profunda de 2 qt. fuente para gratinar o hornear.

f) Mezcle el pan rallado, el parmigiano-reggiano, la ajedrea, las 2 cucharadas restantes de mantequilla derretida, 12 cucharaditas de sal y varios granos de pimienta en un plato pequeño para mezclar.

g) En una fuente para horno, extienda las cebollas. Extienda el pan rallado sobre las cebollas y vierta la crema sobre ellas.

h) Hornee durante unos 30 minutos, o hasta que las migas de pan estén doradas y la crema esté hirviendo vigorosamente alrededor de los bordes.

i) Retire del horno y reserve durante 10 minutos antes de servir.

23. Gratinado De Batata Y Puerro

Rendimiento: 6 porciones

Ingredientes

- 2 cucharadas. mantequilla sin sal
- 2 cucharadas. aceite de oliva
- 6 onzas. panceta, cortada en dados de 1/4 de pulgada
- 2 puerros grandes, en rodajas de 1/4 de pulgada de grosor
- 1/4 taza de ajo picado
- 2 tazas de crema espesa
- 3cucharadas. hojas frescas de tomillo
- sal kosher y pimienta negra molida
- 2 batatas, peladas y cortadas en cubitos
- 3 papas rojizas, peladas y cortadas en cubitos

Direcciones:

a) Precaliente el horno a 350 grados Fahrenheit.
b) Caliente la mantequilla y el aceite en una cacerola mediana a fuego medio. Cocine la panceta hasta que se dore, aproximadamente 9 minutos. Usando una cuchara ranurada, transfiéralo a toallas de papel.
c) Agregue los puerros y el ajo a la sartén, cubra, reduzca a fuego lento y cocine, volteando periódicamente, durante unos 5 minutos, o hasta que los puerros se ablanden pero no se doren.
d) Añadir la nata, llevar a ebullición, bajar a fuego lento y cocinar durante 5 minutos.
e) Vuelva a poner la panceta, el tomillo, 1 cucharadita de sal y pimienta al gusto; dejar de lado.
f) Usando mantequilla, engrase una cacerola de 2 cuartos.

g) Vierta 2 cucharadas de la crema de puerros en partes iguales sobre las papas.

h) Extienda una capa de batatas encima, sazone ligeramente, luego cubra con otras 2 cucharadas de crema de puerros.

i) Continúe con las papas restantes hasta que estén todas usadas. Rocíe la crema de puerros sobrante sobre las papas y presione firmemente.

j) Hornee durante 50 a 60 minutos, o hasta que la parte superior esté dorada y las papas en el centro estén blandas al pincharlas con un tenedor.

k) Atender.

24.   Champiñones Asados En Mantequilla Marrón

Rendimiento: 4 porciones

Ingredientes:

- 1 libra de champiñones (botón, cremini u otros),
- 1 cucharada de aceite
- sal y pimienta para probar
- 1/4 taza de mantequilla
- 2 dientes de ajo, picados
- 1 cucharadita de tomillo, picado
- 1 cucharada de jugo de limón
- sal y pimienta para probar

Direcciones:

a) Mezcle los champiñones con el aceite, la sal y la pimienta, luego extiéndalos en una bandeja para hornear en una sola capa y áselos durante 20 minutos, o hasta que comiencen a caramelizarse, revolviendo a la mitad.

b) En una cacerola mediana, derrita la mantequilla hasta que adquiera un delicioso color marrón avellana, luego retírela del fuego y agregue el ajo, el tomillo y el jugo de limón.

c) En un tazón grande, mezcle los champiñones asados con la mantequilla dorada y sazone al gusto con sal y pimienta.

25. empanadas de lentejas rojas

Para la salsa de tomate:

- 1 lata de 14 onzas de tomates picados.
- Un chorrito de sirope de agave.
- 1 cucharada de aceite.
- 1 cucharadita de vino tinto, blanco.
- Chili, hierbas provenzales secas y pimentón en polvo al gusto.

Para las empanadas de lentejas:
- 1 taza de lentejas rojas secas.
- 1 1/2 tazas, más 3 cucharadas de agua.
- 1 cucharadita de caldo de verduras en polvo.
- 1 cucharadita de cúrcuma.
- 1 cebolla, picada.
- 1 diente de ajo, prensado.
- 1/2 cucharadita de comino.
- 1 huevo de lino.
- 2 cucharadas de perejil.
- Sal y pimienta para probar.
- Aceite según sea necesario.

Direcciones:

a) Agregue todos los ingredientes activos a una olla y deje hervir. Minimice el fuego y cocine a fuego lento durante unos 30 minutos, revolviendo periódicamente. Deshágase del calor.

b) Para hacer las empanadas de lentejas: combine las lentejas, el agua, el caldo de verduras y la cúrcuma en una olla y hierva. Si es necesario), reduzca el fuego y cocine hasta que las lentejas se ablanden y el agua se absorba (incluya más agua. Revuelva periódicamente.

c) Por otro lado, cocina las cebollas en una sartén.

d) Precaliente el horno a 390° F. Cubra una bandeja para hornear con papel para hornear y engrase con aceite.

e) En un recipiente, integre las lentejas, la cebolla, el ajo, el comino, el huevo de lino, el perejil, la sal y la pimienta. Mezclar bien y dejar enfriar un poco.

f) Humedecer las manos con agua, dar forma de lentejas y colocar sobre papel de horno. Pincelar con un poco de aceite.

g) Hornear las lentejas rojas durante unos 20-25 minutos y servir con la salsa de tomate.

26.   Pesto de rúcula y calabacín

Ingredientes:

- 2 rebanadas de pan tostado de centeno
- 1/2 de un aguacate.
- 1/2 calabacín grande.
- Montón de berros.
- 1 diente de ajo.

Para el pesto de rúcula:

- 2 puñados grandes de rúcula.
- 1 taza de piñones (o cualquier nuez).
- 1 puñado grande de espinacas.
- Zumo de 1 lima.
- 1 cucharadita de sal marina.
- 3 cucharadas de aceite de oliva.

Direcciones:

a) Comience por hacer el pesto de rúcula poniendo todos los ingredientes en un molino de alimentos y bata hasta que el pesto se vuelva aterciopelado y suave.

b) Rehogar el calabacín cortándolo primero en trozos horizontales muy finos. Caliente el diente de ajo cortado en rodajas gruesas, el aceite de oliva, espolvoree sal marina y un par de gotas de agua en una sartén pequeña a fuego medio.

c) Si el calabacín comienza a secarse mientras se cocina, inclúyalo y saltee durante 7 minutos; agregue agua lentamente.

d) Tueste el pan, luego extienda el pesto por toda la tostada, agregue el calabacín y el aguacate en rodajas, y ¡empiece con berros!

27.   Cazuela vegetariana

Ingredientes:

- 1 cucharada de aceite de oliva o de colza.

- 1 cebolla, cuidadosamente rebanada.

- 3 dientes de ajo, en rodajas.

- 1 cucharadita de pimentón ahumado.

- 1/2 cucharadita de comino molido.

- 1 cucharada de tomillo seco.

- 3 zanahorias medianas, en rodajas.

- 2 palitos medianos de apio, en rodajas finas

- 1 pimiento rojo, en rodajas.

- 1 pimiento amarillo, en rodajas.

- 2 latas de 400 g de tomates o tomates cherry pelados.

- 1 pastilla de caldo de verduras hasta 250ml

- 2 calabacines, en rodajas gruesas

- 2 ramitas de tomillo fresco.

- 250 g de lentejas cocidas.

Direcciones:

a) Calentar 1 cucharada de aceite de oliva o de colza en un plato grande, con base abundante. Incluya 1 cebolla finamente cortada y cocine delicadamente durante 5 a 10 minutos hasta que se ablande.

b) Incluya 3 dientes de ajo cortados, 1 cucharadita de pimentón ahumado, 1/2 cucharadita de comino molido, 1 cucharada de tomillo seco, 3 zanahorias cortadas, 2 palitos de apio cortados finamente, 1 pimiento rojo picado y 1 pimiento amarillo troceado y cocine por 5 minutos.

c) Añadir dos tarros de 400 g de tomates, 250 ml de caldo de verduras (hecho con 1 olla), 2 calabacines cortados gruesos y 2 ramitas de tomillo nuevo y cocer durante 20 - 25 minutos.

d) Saca las ramitas de tomillo. Mezclar con 250 g de lentejas cocidas y llevar de nuevo a guiso. Presentar con arroz basmati salvaje y blanco, calabaza o quinoa.

28.   Coles de Bruselas asadas

Ingredientes:

- 1 libra de coles de Bruselas, cortadas por la mitad.

- 1 chalote, picado.

- 1 cucharada de aceite de oliva.

- Sal y pimienta para probar.

- 2 cucharaditas de vinagre balsámico.

- 1/4 taza de semillas de granada.

- 1/4 taza de queso de cabra, desmoronado.

Direcciones:

a) Precaliente su horno a 400° F. Cubra las coles de Bruselas con aceite. Espolvorear con sal y pimienta.

b) Transferir a una fuente para horno. Asar en el horno durante 20 minutos.

c) Rocíe con el vinagre.

d) Espolvorea con las semillas y el queso antes de servir.

29.   quinua a la sartén

Ingredientes:

- 1 taza de camote, en cubos.

- 1/2 taza de agua.

- 1 cucharada de aceite de oliva.

- 1 cebolla, picada.

- 3 dientes de ajo, picados.

- 1 cucharadita de comino molido.

- 1 cucharadita de cilantro molido.

- 1/2 cucharadita de chile en polvo.

- 1/2 cucharadita de orégano seco.

- 15 onzas frijoles negros, enjuagados y escurridos.

- 15 onzas tomates asados.

- 1 1/4 tazas de caldo de verduras.

- 1 taza de maíz congelado 1 taza de quinua (sin cocer).

- Sal al gusto.

- 1/2 taza de crema agria ligera.

- 1/2 taza de hojas de cilantro fresco.

Direcciones:

a) Agregue el agua y la batata en una sartén a fuego medio. Llevar a hervir.

b) Reduzca el fuego y cocine hasta que la batata esté tierna.

c) Agregue el aceite y la cebolla.

d) Cocine por 3 minutos. Agregue el ajo y las especias y cocine por 1 minuto.

e) Agregue el resto de los ingredientes excepto la crema agria y el cilantro. Cocine por 20 minutos.

f) Sirva con crema agria y cubra con el cilantro antes de servir.

30.   tofu pegajoso con fideos

Ingredientes:

- 1/2 pepino grande.

- 100 ml de vinagre de vino tinto de arroz.

- 2 cucharadas de azúcar moreno dorado.

- 100 ml de aceite vegetal.

- Paquete de 200 g de tofu de la empresa, cortado en cubos de 3 cm.

- 2 cucharadas de jarabe de arce.

- 4 cucharadas de pasta de miso marrón o blanco.

- 30 g de semillas de sésamo blanco.

- 250 g de fideos soba secos.

- 2 cebolletas, ralladas, para servir.

Direcciones:

a) Con un pelador, corta tiras delgadas del pepino, dejando las semillas atrás. Poner las cintas en un bol y reservar. Caliente suavemente el vinagre, el azúcar, 1/4 de cucharadita de sal y 100 ml de agua en una sartén a fuego medio durante 3-5 minutos hasta que el azúcar se licúe, luego vierta sobre los pepinos y deje encurtir en el refrigerador mientras prepara el tofu. .

b) Caliente todo menos 1 cucharada de aceite en una sartén antiadherente grande a fuego medio hasta que las burbujas comiencen a subir a la superficie. Incluir el tofu y freír durante 7-10 minutos.

c) En un tazón pequeño, mezcle la miel y el miso. Extiende las semillas de sésamo en un plato. Cepille el tofu frito con la salsa de miel pegajosa y reserve las sobras. Cubra el tofu de manera uniforme con las semillas, espolvoree con un poco de sal y déjelo en un lugar cálido.

d) Prepara los fideos y revuélvelos con el resto del aceite, la salsa restante y 1 cucharada del líquido de encurtido de pepino. Cocine durante 3 minutos hasta que se caliente.

31. Brotes con judías verdes

Ingredientes:

- 600 g de coles de Bruselas, en cuartos y cortadas.

- 600 g de judías verdes.

- 1 cucharada de aceite de oliva.

- Ralladura y jugo de 1 limón.

- 4 Cucharadas de piñones tostados.

Direcciones:

a) Cocine por un par de segundos, luego agregue las verduras y saltee durante 3-4 minutos hasta que los brotes coloreen un poco.

b) Añadir un chorrito de jugo de limón y sal y pimienta al gusto.

32.   Tofu en costra con rábano

Ingredientes:

- 200 g de tofu firme.

- 2 cucharadas de semillas de sésamo.

- 1 cucharada de shichimi togarashi japonés.

Mezcla de especias.

- 1/2 cucharadas de harina de maíz.

- 1 cucharada de aceite de sésamo.

- 1 cucharada de aceite vegetal.

- 200 g de brócoli de tallo tierno.

- 100 g de guisantes dulces.

- 4 rábanos, en rodajas muy finas.

- 2 cebolletas, cuidadosamente rebanadas.

- 3 kumquats, en rodajas muy finas.

para el aderezo

- 2 cucharadas de salsa de soja japonesa baja en sal.

- 2 cucharadas de jugo de yuzu (o 1 cucharada de jugo de lima y de toronja).

- 1 cucharadita de azúcar moreno dorado.

- 1 chalota pequeña, finamente picada.

- 1 cucharadita de jengibre rallado.

Direcciones:

a) Cortar el tofu por la mitad, cubrir bien con papel de cocina y colocar en un plato. Pon una sartén pesada encima para exprimir el agua. Modifique el papel varias veces hasta que el tofu se sienta seco, luego córtelo en trozos gruesos. Mezcle las semillas de sésamo, la mezcla de especias japonesas y la harina de maíz en un tazón. Rocíe sobre el tofu hasta que quede bien en capas. Dejar de lado.

b) En un tazón pequeño, mezcle los ingredientes del aderezo. Poner a hervir una olla con agua para las verduras y calentar los dos aceites en una sartén grande.

c) Cuando la sartén esté muy caliente, incorpora el tofu y fríelo durante 1 minuto aproximadamente por cada lado hacia arriba hasta que esté bien dorado.

d) Cuando el agua esté hirviendo, prepare el brócoli y los guisantes dulces durante 2-3 minutos.

33.   Galette de calabaza moscada

Ingredientes:

- 1 1/2 tazas de harina de espelta.

- 6-8 hojas de salvia.

- 1/4 tazas de agua fría.

- 6 cucharadas de aceite de coco.

- Sal marina.

Para el llenado:

- 1 cucharada de aceite de oliva.

- 1/4 cebolla roja, en rodajas finas.

- 1 cucharada de hojas de salvia.

- 1/2 manzana roja, en rodajas muy finas.

- 1/4 de calabaza moscada, sin piel y cortada en rodajas muy finas.

- 1 cucharada de aceite de coco, dividido y reservado para cubrir.

- 2 cucharadas de salvia, reservadas para cubrir.

- Sal marina.

Direcciones:

a) Precaliente su horno a 350° F.

b) Haga la corteza agregando la harina, la sal marina y las hojas de salvia en el molino de alimentos. Agregue gradualmente el aceite de coco y el agua, y pulse regularmente mientras se mezcla suavemente con la harina. Pulse solo lo suficiente hasta que los componentes se integren, 30 segundos más o menos.

c) Mientras tanto, hacer el relleno. En una sartén pequeña a fuego medio-alto, caliente el aceite de oliva. Incluya en las cebollas, una pizca de sal, una cucharadita de hojas de salvia y saltee durante unos 5 minutos. Deje esto a un lado mientras extiende la masa en un círculo, de aproximadamente 1/4 de pulgada de grosor.

d) Mezclar la calabaza y las manzanas en un bol pequeño con un chorrito de aceite de oliva y sal marina. Agregue la calabaza moscada y las rodajas de manzana encima de las cebollas (simplemente como lo ve en la imagen).

e) Doble suavemente los bordes de la corteza sobre los lados exteriores de la calabaza. Agregue pequeños trozos de aceite de coco encima de la galette, junto con las hojas de salvia, y hornee en el horno durante 20-25 minutos, o hasta que la corteza esté escamosa y la calabaza esté bien cocida.

34. Quinoa con pasta de curry

Ingredientes

- 2 cucharadas del tallo del cilantro fresco.
- 2 puñados de hojas de cilantro fresco.
- 6 dientes de ajo.
- 1 cucharada de cilantro en polvo.
- 1/2 cucharadas de comino en polvo.
- 1 pulgada de jengibre (sin piel).
- Zumo de 1 lima.
- 1 tallo de limoncillo
- 1/2 taza de chalotes o cebolla blanca.
- 1 cucharadita de hojuelas de chile.
- Sal marina.
- curry verde

Direcciones:

a) Comience haciendo la pasta de curry simplemente mezclando todo en el molino de alimentos hasta que esté bien mezclado y molido hasta formar una pasta.

b) Ahora, para el curry: a fuego medio/alto, caliente el aceite de coco y las cebollas durante 5 minutos. Incluya todas las verduras, el azúcar de coco, la pasta de curry y 1/4 de taza de agua y deje hervir a fuego lento con la tapa puesta durante unos 10 minutos.

c) Agregue más agua gradualmente para que las verduras no se quemen. Tan pronto como las verduras se hayan cocinado, agregue la leche de coco y 1 taza de agua, y cocine por otros

10 minutos hasta que las verduras estén completamente cocidas. ¡Agregue el jugo de lima fresco, hojas de cilantro adicionales y, guiándolos sobre arroz integral o quinua!

35. Tocino de zanahoria ahumado al horno

Ingredientes:

- 3 zanahorias grandes.

- 2 cucharadas de aceite de colza.

- 1 cucharadita de ajo en polvo.

- 1 cucharadita de pimentón ahumado.

- 1 cucharadita de sal.

Direcciones:

a) Lavar la zanahoria (no es necesario pelarla) y trocearla a lo largo con ayuda de una mandolina. Coloque las tiras de zanahoria en una bandeja para hornear forrada con papel pergamino. Precaliente el horno a 320° F. mezcle los componentes restantes en un tazón pequeño y luego cepille las tiras de zanahoria por ambos lados.

b) Metemos al horno durante 15 minutos, o cuando las tiras de zanahoria estén onduladas.

36.   Salmón sobre calabaza espagueti

Ingredientes:

- $\frac{1}{2}$ cucharadita de polvo de cinco especias
- 1 cucharadita de ralladura de naranja
- $\frac{1}{2}$ cucharadita de azúcar
- $\frac{1}{4}$ de cucharadita de sal kosher
- $\frac{1}{2}$ cucharadita de pimienta negra recién molida
- Dos filetes de salmón de 6 onzas
- 2 cucharaditas de mostaza Dijon
- 1 cucharada de aceite de maní
- 2 tazas de calabaza espagueti asada
- 2 cucharadas de cilantro fresco picado

Direcciones:

a) Mezcle el polvo de cinco especias con la ralladura de naranja, el azúcar, la sal y la pimienta en un tazón pequeño. Frote ambos lados de los filetes en papel encerado. Cepille la mostaza sobre los filetes.

b) Caliente una sartén grande a fuego medio-alto, luego cubra el fondo con el aceite. Fríe los filetes, volteándolos solo una vez, hasta que estén crujientes y dorados por fuera, de 5 a 8 minutos en total.

c) Mientras tanto, divida la calabaza entre dos platos llanos calientes. Cubra con los filetes de pescado y decore con el cilantro.

37. Calabaza Carbonara
(Tiempo Total: 25 MIN| Servicio: 3)

Ingredientes:

- 1 paquete de fideos de ñame konjac (Shirataki)

- 2 yemas de huevo

- 3 cucharadas de puré de calabaza

- 1/3 taza de queso parmesano, rallado

- $\frac{1}{2}$ taza de crema espesa

- 2 cucharadas de mantequilla orgánica

- 4 piezas de panceta

- $\frac{1}{2}$ cucharaditas de salvia seca

- Sal y pimienta para probar

Direcciones:

a) Hervir agua y remojar los fideos en ella durante 3 minutos. Colar y reservar.

b) Dorar la panceta en una sartén caliente y picar. Reservar la grasa de la panceta

c) Coloque los fideos colados en la sartén cocida para la panceta y cocine por 5 minutos. Dejar de lado.

d) En otra sartén (de tamaño grande) derretir la mantequilla a fuego medio y dejar dorar. Agregue el puré de calabaza y sazone con salvia.

e) Vierta la crema espesa en la sartén, agregue la grasa de la panceta y revuelva bien.

f) Por último, agregue el queso parmesano a la salsa y mezcle bien. Reduzca el fuego a bajo y revuelva hasta que la salsa espese.

g) Transfiera los fideos a la sartén con la salsa, rompa los huevos y combine todos los ingredientes.

38.   Salsa De Tomate Asado

Ingredientes:

- 10 tomates

- Manojo de albahaca fresca

- Cabeza de ajo

- Aceite de oliva

- Sal y pimienta

Direcciones:

a) Precaliente el horno a 375 F.

b) Cortar 10 tomates por la mitad a lo largo

c) Agregue un manojo de albahaca fresca.

d) Corta un bulbo entero de ajo por el medio y coloca cada mitad boca arriba en la fuente para hornear.

e) Sumergir los tomates en aceite de oliva y moler sal y pimienta.

f) Ase en el horno durante aproximadamente 1 hora y luego apague el horno durante otros 30 minutos y déjelo reposar en el horno tibio.

g) Retire los tomates y deje enfriar.

h) No mezcle, ya que desea exprimir la pulpa y las pepitas de la piel y desechar la piel, exprimir el ajo de los dientes y tirar las tripas.

i) Triturar con un tenedor.

39. Ratatouille

Ingredientes:

- 2 berenjenas grandes

- 1 cebolla grande

- 2 pimientos (pueden ser verdes, rojos y amarillos)

- 2 latas de tomates picados

- 1 paquete de calabacines

- 1 canastilla de champiñones

- 1 paquete de espinacas

- 2 $\frac{1}{4}$ tazas de caldo de pollo

- Sal y pimienta

- 2 dientes de ajo (finamente picados o prensados)

Direcciones:

a) Picar finamente todos los ingredientes.

b) Agregue todas las verduras finamente picadas, el ajo y la cebolla al caldo y hierva a fuego medio hasta que el agua se haya reducido y las verduras hayan formado un estofado espeso y delicioso.

c) Sirva con 150 g de requesón en trozos, 30 g de queso cheddar o 6 cucharadas de queso parmesano

40. Horneado De Coliflor

Ingredientes:

- 4 rebanadas de tocino

- 2 tazas de brócoli

- 2 tazas de coliflor

- 2 tazas de champiñones

- 1 pimiento verde

- 1 cebolla

- 1 taza de crema

- 3 cucharadas de queso, rallado

- 2 cucharadas de aceite de oliva

Direcciones:

a) Precaliente el horno a 360 F.

b) Cocine al vapor o cocine la coliflor y el brócoli hasta que estén tiernos y luego transfiéralo a una fuente para horno.

c) Freír las rebanadas de tocino, con los champiñones, el pimiento verde y la cebolla en 2 cucharadas de aceite de oliva.

d) Vierta el tocino frito y los champiñones encima de la coliflor.

e) En un bol, bate 4 huevos con la nata y sazona al gusto y vierte sobre la coliflor o el brócoli.

f) Coloque en el horno para cocinar durante 25 minutos. Retirar del horno y espolvorear con queso rallado.

g) Vuelva a colocar en el horno y cocine por otros 5 minutos.

41. Caulicake

Ingredientes:

- 1.3 libras floretes de coliflor

- 1 cebolla, picada

- 3 dientes de ajo, finamente picados

- 1 cucharadita de cúrcuma

- 1 taza de queso parmesano, finamente rallado

- 1 taza de queso cheddar blanco maduro, rallado grueso

- 8 huevos

- 1-2 cucharadita de sal

- 2 cucharadas de cáscara de psyllium

- 1 taza de crema

- 1 cucharada de aceite de coco

- semillas de sésamo

- Aceite de oliva

Direcciones:

a) Precaliente el horno a 360 F.

b) Cocine al vapor la coliflor. Mantenga la mitad entera y triture el resto.

c) Saltee la cebolla, el ajo y la cúrcuma en el aceite de coco hasta que estén suaves. Dejar de lado.

d) En un recipiente aparte, bata los huevos. Agregue la crema, el queso, la sal y la cáscara de psyllium.

e) Combine la coliflor entera y triturada con las cebollas salteadas y la mezcla de huevo en un bol.

f) Cubra un molde para hornear con forma de resorte con papel de hornear engrasado y espolvoree con semillas de sésamo. Coloque el molde en una bandeja para hornear.

g) Vierta la mezcla de coliflor y hornee en el horno durante 40 minutos.

h) Tan pronto como salga del horno, pinche ligeramente la superficie con un tenedor y rocíe con aceite de oliva.

42. "Albóndigas" de col rizada especiada

Servir: 8

Ingredientes:

- 4 cucharadas de aceite de oliva

- 1 taza de harina de almendras

- 1 manojo de hojas de col rizada

- 1 chile verde, picado

- 1/4 cucharaditas de chile rojo en polvo

- 1/4 cucharaditas de cúrcuma en polvo

- 1 cucharadita de semillas de comino en polvo

- 1/4 cucharaditas de jengibre picado

- Sal negra o sal al gusto

- 1 cucharadita de bicarbonato de sodio o bicarbonato de sodio (opcional)

- Agua para rebozar

Direcciones:

a) En un tazón, mezcle todos los ingredientes juntos.

b) Combinar y amasar la masa con el dedo. La consistencia no debe ser demasiado espesa ni demasiado delgada. Haz unas "albóndigas" de col rizada.

c) Caliente el aceite en una sartén. Coloca unas "albóndigas" de col rizada en el aceite caliente una a una.

d) Freír pocos a la vez, no agruparlos con demasiados. Cuando adquieran un color dorado por un lado, dar vuelta y cocinar por el otro lado.

e) Retire las papas fritas con una espumadera y colóquelas sobre servilletas absorbentes.

f) Servir caliente.

43.   Carbonara de Calabaza

Serva: 4

Ingredientes:

- 5 onzas panceta

- $\frac{1}{4}$ taza de crema espesa

- 2 cucharadas de mantequilla

- $\frac{1}{2}$ cucharaditas de salvia, seca

- Pimienta negra

- 1 paquete de fideos Shirataki

- 2 yemas de huevo

- 1/3 taza de queso parmesano

- 3 cucharadas de puré de calabaza

- Sal

Direcciones:

a) Hierva una olla de agua y agregue los fideos, cocine por 3 minutos y luego escurra. Seque completamente y reserve hasta que se necesite.

b) Picar la panceta, calentar la sartén y cocinar la panceta hasta que esté crujiente. Reserve el aceite y reserve la panceta hasta que la necesite.

c) Caliente una olla pequeña y agregue mantequilla, cocine hasta que se dore, luego agregue el puré y la salvia.

d) Agregue la panceta, la grasa y la crema, mezcle hasta que estén bien combinados.

e) Caliente la sartén que tenía grasa a fuego alto y saltee los fideos durante 5 minutos.

f) Agregue queso a la mezcla de calabaza, combine y baje el fuego; cocina hasta que la salsa se espese.

g) Agregue la panceta y los fideos a la salsa, mezcle, luego agregue las yemas y mezcle; cocina por 3 minutos.

h) Atender.

44. Comida de salchicha italiana One Pot

Serva: 2

Ingredientes:

- 1 cucharada de cebolla

- $\frac{1}{4}$ taza de queso parmesano

- $\frac{1}{2}$ cucharaditas de orégano

- $\frac{1}{4}$ cucharaditas de sal

- 3 salchichas

- 4 onzas. Hongos

- $\frac{1}{4}$ taza de queso mozzarella (rallado)

- $\frac{1}{2}$ cucharaditas de albahaca

- $\frac{1}{4}$ de cucharadita de hojuelas de pimiento rojo

Direcciones:

a) Ponga el horno a 350 F.

b) Caliente una sartén de hierro fundido hasta que comience a humear, luego agregue las salchichas y cocine hasta que estén casi listas.

c) Rebane la cebolla y los champiñones y retire las salchichas de la olla y agregue las verduras en rodajas y cocine por 3 minutos hasta que estén doradas.

d) Rebane las salchichas y agréguelas a la sartén junto con los condimentos. Agregue queso parmesano y revuelva para combinar.

e) Coloque la sartén en el horno y cocine por 10 minutos, luego cubra con mozzarella y cocine hasta que el queso se derrita.

f) Atender.

45. Ensalada De Brócoli

Ingredientes:

- 1 taza de brócoli

- 2 tallos de apio medianos

- 1/2 taza de champiñones en trozos (fritos)

- 1/4 taza de tomates cherry

- 1 cucharada de aceite de oliva

- 2 tazas de lechuga

- 1 cucharada de vinagre balsámico

- $\frac{1}{2}$ taza de semillas de calabaza secas tostadas en una sartén

Direcciones:

a) Coloca todos los ingredientes en un bol, mezcla y disfruta.

46. Tocino con puré de coliflor con queso

Ingredientes:

- 4 tazas de floretes de coliflor, picados
- 3 cucharadas de crema espesa
- $\frac{1}{4}$ cucharaditas de ajo en polvo
- Sal y pimienta para probar
- 4 tiras de tocino, cocidas y picadas
- 1 taza de queso cheddar, rallado

Direcciones:

a) En un recipiente apto para horno, mezcle los floretes de coliflor picados, la crema espesa, la mantequilla y sazone con ajo en polvo, sal y pimienta.
b) Coloque el tazón en el microondas y cocine a temperatura alta durante 20 minutos o hasta que la coliflor esté suave.
c) Vierta la coliflor cocida en un procesador de alimentos y agregue el tocino y el queso cheddar.
d) Pulse hasta lograr una consistencia suave.
e) Servir con un poco de mantequilla por encima.

47.   Ensalada crujiente de tofu al horno y bok choy

Serva: 3

Ingredientes:

Para el tofu:

- 1 cucharada de salsa de soja

- 1 cucharada de agua

- 1 cucharada de vinagre de vino de arroz

- 15 onzas El tofu extra firme

- 1 cucharada de aceite de sésamo

- 2 cucharaditas de ajo

- $\frac{1}{2}$ jugo de limón

Para Ensalada:

- 1 cebolla verde

- 3 cucharadas de aceite de coco

- 1 cucharada de sambal oelek

- $\frac{1}{2}$ jugo de lima

- 9 onzas bok choi

- 2 cucharadas de cilantro picado

- 2 cucharadas de salsa de soja

- 1 cucharada de mantequilla de maní

- 7 gotas de stevia líquida

Direcciones:

a) Envuelva el tofu en un paño limpio y presione durante 6 horas hasta que se seque.

b) Combine la salsa de soya, el agua, el vinagre, el jugo de limón, el aceite de sésamo y el ajo en un tazón y cubra el tofu. Agregue a la marinada, cubra con plástico y deje reposar durante 30 minutos o toda la noche si es posible.

c) Ponga el horno a 350 F. Use papel pergamino para forrar una bandeja para hornear y coloque el tofu marinado en la bandeja. Hornee por 35 minutos.

d) Prepárese para aderezar la ensalada combinando todos los ingredientes excepto el bok choy. Picar el bok choy finamente y agregar el aderezo.

e) Cubra el bok choy con tofu horneado y sirva.

48. Crema de espinacas

Ingredientes:

- 2 tazas de espinacas
- $\frac{1}{2}$ cebolla pequeña, picada
- $\frac{1}{4}$ tazas de agua
- 1/2 cubo de caldo
- 1 diente de ajo, picado
- $\frac{1}{4}$ tazas de crema espesa
- 2 cucharadas de mantequilla
- Sal y pimienta para probar
- queso (opcional)

Direcciones:

a) Coloca las espinacas y la cebolla en una cacerola con agua y calienta a fuego medio-alto.

b) Agregue el cubito de caldo y el ajo y deje cocer al vapor durante 8-10 minutos o hasta que toda el agua se haya evaporado y las espinacas estén muy suaves.

c) Vierta la crema espesa y la mantequilla y luego sazone con sal y pimienta. Cocinar hasta que espese.

d) Usando una licuadora de mano, mezcle las espinacas hasta que estén bastante suaves.

e) Servir mientras está caliente

49. Zoodles con queso y albahaca fresca

Serva: 3

Ingredientes:

- 2 tazas de fideos de calabacín (zoodles)

- 2 cucharadas de albahaca fresca picada

- 1/4 taza de queso pecorino romano, rallado

- 1/4 taza de queso Grana Padano, rallado

- 3 cucharadas de mantequilla salada

- 3 dientes de ajo machacados

- 1 cucharadita de hojuelas de pimiento rojo

- 1 cucharada de pimiento rojo picado

- 1 cucharada de aceite de coco

- Sal y pimienta molida fresca al gusto

Direcciones:

a) En una sartén a fuego medio, derrita la mantequilla y el aceite de coco. Agregue el ajo, el pimiento rojo picado y las hojuelas de pimiento rojo. Saltee por 1 minuto solamente.

b) Agregue los zoodles y deje cocinar durante 1-2 minutos. Apague el fuego y mezcle con albahaca fresca. Mezcle ligeramente.

c) Agregue el queso Pecorino Romano y revuelva.
d) Por último, espolvorear por encima con queso Grana Padano rallado.
e) Servir inmediatamente.

50. Hamburguesas vegetarianas

Ingredientes:

- 2 tazas de coles de Bruselas

- 3 huevos orgánicos

- 1 taza de queso parmesano, rallado

- 1 ½ queso de cabra

- ½ taza de cebolla verde, picada

- 1/3 taza de harina de almendras

- 1 taza de queso parmesano

- 1 ½ queso de cabra

- Sal y pimienta para probar

Direcciones:

a) Lave bien las coles de Bruselas y colóquelas en el procesador de alimentos para desmenuzarlas.

b) Transfiera las coles de Bruselas a un tazón y agregue el queso parmesano y la harina de almendras en el tazón. Condimentar con sal y pimienta.

c) En otro tazón, bata los huevos y luego vierta sobre la mezcla de coles de Bruselas. Combina bien usando tus manos.

d) Crea hamburguesas de aproximadamente 4 oz. cada uno y luego freír en una sartén de hierro fundido engrasada durante unos 2 minutos por cada lado, o hasta que estén crujientes.

51. Coliflor picante con salchichas Sujuk

Ingredientes:

- 4 tazas de coliflor congelada

- 8 oz. Salchichas Sujuk en rodajas (o pastrami rojo)

- 1 pimiento verde picado

- 1 cucharadita de condimento cajún

- 1/2 cebolla, picada

- 2 cucharadas de ajo picado

- 2 cucharadas de aceite de oliva

Direcciones:

a) En una sartén, sofreír la cebolla en aceite de oliva durante 2-3 minutos.

b) Exprima el líquido de la coliflor picada y agréguelo a la sartén. Rehogar la coliflor con cebolla 5-10 minutos.

c) Agregue el condimento cajún y mezcle. Agregue salchichas sujuk picadas o pastrami y pimientos verdes.

d) Revuelva y cocine hasta unos 5 minutos. Transferir a los platos. Atender.

52.   Coles de Bruselas balsámicas y tocino

Porciones: 4

Ingredientes:

- ¾ a 1 libra de coles de Bruselas

- 1 cucharadita de aceite de oliva

- 1 cucharadita de vinagre balsámico

- 2 rebanadas de tocino, sin nitrato

- 1 pizca de sal y pimienta, al gusto

Direcciones:

a) Lava y corta primero las coles de Bruselas. Recorte el extremo del tallo duro y elimine las hojas dañadas. Sécalos con palmaditas.

b) Precaliente su freidora de aire a 380 ° F. durante 3 minutos

c) En un tazón mediano, mezcle con aceite y vinagre balsámico.

d) Corta las rebanadas de tocino en trozos de una pulgada. Agregue los brotes a la canasta de la freidora y cubra con los trozos de tocino.

e) Freír al aire durante 16-18 minutos, sacudiendo la canasta al menos una vez a la mitad del tiempo de cocción.

f) Verifique que esté listo con un tenedor y agregue uno o dos minutos más para freír, si es necesario.

53. Rábanos asados con parmesano y ajo

rendimiento: 2 PORCIONES

Ingredientes:

- 12 onzas. bolsa Rábanos, recortados y partidos por la mitad

- 1 cucharada (16 g) de aceite de oliva, cantidad dividida

- 1 diente de ajo, triturado

- Una pizca de sal kosher

- 2 cucharadas de queso parmesano rallado

- 1/4 cucharaditas de hojuelas de pimiento rojo y perejil

Direcciones:

a) Corte los rábanos por la mitad (cuarte los rábanos extra grandes) y mezcle con 1/2 cucharadas (8 g) de aceite de oliva. Agregue los rábanos a una canasta de freidora y cocine por 8 minutos a 400°F.

b) En el mismo tazón, agregue las 1/2 cucharadas restantes de aceite de oliva, ajo machacado, sal, pimiento rojo y hojuelas de perejil. Revuelva todo junto.

c) Después de 8 minutos en la freidora, agregue los rábanos nuevamente al tazón con la mezcla de aceite de oliva, revolviendo para cubrir uniformemente. Agregue el queso parmesano rallado y revuelva todo hasta que los rábanos estén cubiertos uniformemente con queso parmesano.

d) Coloque los rábanos nuevamente en la canasta de la freidora y cocine por 68 minutos adicionales a 400°F hasta que estén dorados y crujientes.

54. Coliflor Air Fryer

Porciones: 4

Ingredientes:

- 3/4 cucharadas de salsa picante, elija una salsa suave si no le gusta picante

- 1 cucharada de aceite de aguacate

- Sal al gusto

- 1 cabeza mediana de coliflor cortada en bocados, lavada y completamente seca

Direcciones:

a) Precaliente la freidora a 400F / 200C

b) Mezcle la salsa picante, la harina de almendras, el aceite de aguacate y la sal en un tazón grande.

c) Agregue la coliflor y mezcle hasta cubrir.

d) Agregue la mitad de la coliflor en la freidora y fría.

e) Asegúrate de abrir la freidora y agitar la canasta para freír 23 veces para voltear la coliflor. Retirar y reservar.

f) Agregue el segundo lote, pero cocínelo por 23 minutos menos.

g) Sirva tibio con un poco de salsa picante extra para mojar.

55. Papas Fritas De Jícama

Porciones 4

Ingredientes:

- 8 tazas de jícama (peladas, cortadas en palitos finos, de 1/4 de pulgada de grosor y 3 pulgadas de largo)

- 2 cucharadas de aceite de oliva

- 1/2 cucharaditas de ajo en polvo

- 1 cucharadita de comino

- 1 cucharadita de sal marina

- 1/4 cucharaditas de pimienta negra

- 1/2 taza de queso cheddar (rallado)

- 1/4 taza de cebollas verdes (picadas)

Direcciones:

a) Hierve una olla grande de agua en la estufa. Agregue las papas fritas de jícama y hierva de 12 a 15 minutos, hasta que ya no estén crujientes.

b) Cuando la jícama ya no esté crocante, retírela y séquela.

c) Ajuste el horno de la freidora a 400 grados y déjelo precalentar durante 2 a 3 minutos. Engrase las rejillas o la canasta de la freidora que usará.

d) Coloque las papas fritas en un tazón grande junto con aceite de oliva, ajo en polvo, comino y sal marina. Mezcle para cubrir.

56. brochetas de verduras

Porciones: 6

Ingredientes:

- 1 taza (75 g) de champiñones

- 1 taza (200 g) de tomates uva

- 1 calabacín pequeño cortado en trozos

- 1/2 cucharaditas de comino molido

- 1/2 pimiento morrón en rodajas

- 1 cebolla pequeña cortada en trozos (o 34 chalotes pequeños, cortados por la mitad)

- Sal al gusto

Direcciones:

a) Remoje las brochetas en agua durante al menos 10 minutos antes de usar.

b) Precaliente la freidora a 390F / 198C.

c) Ensarte las verduras en las brochetas.

d) Coloque las brochetas en la freidora y asegúrese de que no se toquen. Si la canasta de la freidora es pequeña, es posible que deba cortar los extremos de las brochetas para que encajen.

e) Cocine por 10 minutos, volteando a la mitad del tiempo de cocción. Dado que las temperaturas de la freidora pueden variar, comience con menos tiempo y luego agregue más según sea necesario.

f) Transfiera las brochetas de verduras a un plato y sirva.

57. Calabaza Espagueti

Sirve: 2

Ingredientes:

- 1 (2 libras) de calabaza espagueti
- 1 taza de agua
- Cilantro para servir
- 2 cucharadas de cilantro fresco para decorar (opcional)

Direcciones:

a) Cortar la calabaza por la mitad. Retire las semillas de su centro.
b) Vierta una taza de agua en el inserto de Instant Pot y coloque el salvamanteles adentro.
c) Coloque las dos mitades de la calabaza sobre el salvamanteles, con la piel hacia abajo.
d) Asegure la tapa y seleccione "Manual" con alta presión durante 20 minutos.
e) Después del pitido, haga un lanzamiento natural y retire la tapa.
f) Retire la calabaza y use dos tenedores para triturarla desde adentro.
g) Sirva con relleno de cerdo picante si es necesario.

58. Coles de Bruselas glaseadas con arce

Para 4 personas

Ingredientes:

- 1 libra de coles de Bruselas (recortadas)
- 2 cucharadas de jugo de naranja recién exprimido
- $\frac{1}{2}$ cucharadita de ralladura de naranja
- $\frac{1}{2}$ cucharada de mantequilla para untar Earth Balance
- 1 cucharada de jarabe de arce
- Sal y pimienta negra al gusto

Direcciones:
a) Agregue todos los ingredientes a la olla instantánea.
b) Asegure la tapa y seleccione la función "Manual" durante 4 minutos con alta presión.
c) Haga una liberación rápida después del pitido y luego retire la tapa.
d) Revuelva bien y sirva de inmediato.

59. Patatas Lima

Sirve: 2

Ingredientes:

- ½ cucharada de aceite de oliva
- 2 ½ papas medianas, lavadas y en cubos
- 1 cucharada de romero fresco, picado
- Pimienta negra recién molida al gusto
- ½ taza de caldo de verduras
- 1 cucharada de jugo de limón fresco

Direcciones:

a) Ponga el aceite, las papas, la pimienta y el romero en la olla instantánea.

b) "Saltear" durante 4 minutos con agitación constante.

c) Agregue todos los ingredientes restantes a la olla instantánea.

d) Asegure la tapa y seleccione la función "Manual" durante 6 minutos con alta presión.

e) Haga una liberación rápida después del pitido y luego retire la tapa.

f) Revuelva suavemente y sirva caliente.

60. Mezcla de coles de bruselas y tomates

Para 4 personas

Ingredientes:

- 1 libra de coles de Bruselas; recortado
- 6 tomates cherry; reducido a la mitad
- 1/4 taza de cebollas verdes; Cortado.
- 1 cucharada de aceite de oliva
- Sal y pimienta negra al gusto

Direcciones:
a) Sazone las coles de Bruselas con sal y pimienta, póngalas en su freidora y cocínelas a 350 °F, durante 10 minutos.
b) Transfiéralos a un tazón, agregue sal, pimienta, tomates cherry, cebollas verdes y aceite de oliva, revuelva bien y sirva.

61. Hachís de rábano

Para 4 personas

Ingredientes:

- 1/2 cucharaditas de cebolla en polvo
- 1/3 taza de queso parmesano; rallado
- 4 huevos
- 1 libra de rábanos; rebanado
- 1/2 cucharaditas de ajo en polvo
- Sal y pimienta negra al gusto

Direcciones:

a) En un cuenco; mezcle los rábanos con sal, pimienta, cebolla y ajo en polvo, huevos y queso parmesano y revuelva bien

b) Transfiera los rábanos a una sartén que se ajuste a su freidora y cocine a 350 ° F, durante 7 minutos.

c) Divida el hachís en platos y sirva.

62. Champiñones con Hierbas y Crema

Sirve:4

Ingredientes:

- 1 libra de champiñones variados, lavados y picados
- 2 cucharadas de salsa de soja sin azúcar
- Sal y pimienta para probar
- 1 cucharada de aceite de oliva
- 2 cucharadas de perejil fresco picado para servir
- 2 cucharadas de crema agria para servir

Direcciones:

a) Precaliente su máquina Air Fryer a 180 grados F
b) Coloque todos los ingredientes en la bolsa de vacío.
c) Selle la bolsa, colóquela en el baño de agua y programe el temporizador durante 30 minutos.
d) Cuando se acabe el tiempo, sirva inmediatamente con crema agria y perejil picado.

63. Espárragos

Sirve:4

Ingredientes:

- 1 libra de espárragos
- 1 diente de ajo picado
- 1 cucharada de aceite de oliva
- Jugo de 1/2 limón
- Sal y pimienta para probar

Direcciones:
a) Precaliente su máquina Air Fryer a 135 grados F
b) Coloque todos los ingredientes en la bolsa de vacío.
c) Selle la bolsa, colóquela en el baño de agua y programe el temporizador durante 1 hora.
d) Pasado el tiempo, servir inmediatamente como guarnición o entrante.

64. Zanahorias De Mantequilla

Sirve:4

Ingredientes:

- 1 libra de zanahorias pequeñas, peladas
- 2 cucharadas de mantequilla
- Sal y pimienta para probar
- 1 cucharada de azúcar moreno

Direcciones:

a) Precaliente su máquina Air Fryer a 185 grados F
b) Coloque todos los ingredientes en la bolsa de vacío.
c) Selle la bolsa, colóquela en el baño de agua y programe el temporizador durante 1 hora.
d) Pasado el tiempo, servir inmediatamente como guarnición o entrante.

65. Berenjenas al estilo asiático

Sirve: 4

Ingredientes:

- 1 libra de berenjenas, en rodajas
- 2 cucharadas de salsa de soja sin azúcar
- 6 cucharadas de aceite de sésamo
- 1 cucharada de ajonjolí para servir Sal y pimienta al gusto

Direcciones:
a) Precaliente su máquina Air Fryer a 185 grados F
b) Coloque todos los ingredientes en la bolsa de vacío.
c) Selle la bolsa, colóquela en el baño de agua y programe el temporizador durante 50 min.
d) Cuando se acabe el tiempo, dore las berenjenas en una sartén de hierro fundido durante un par de minutos.
e) Servir inmediatamente espolvoreado con semillas de sésamo.

66. Maíz con mantequilla en la mazorca

Sirve:4

Ingredientes:

- 4 mazorcas de maíz, lavadas y recortadas
- 2 cucharadas de mantequilla
- Sal al gusto
- 2-3 ramitas de perejil

Direcciones:

a) Precaliente su máquina Air Fryer a 185 grados F
b) Coloque las mazorcas de maíz en la bolsa de vacío, agregue mantequilla, sal y perejil.
c) Selle la bolsa, colóquela en el baño de agua y programe el temporizador durante 30 min.
d) Pasado el tiempo, retira las ramitas de perejil y sirve los elotes.

67. Judías verdes picantes al estilo chino

Sirve: 4

Ingredientes:

- 1 libra de judías verdes largas
- 2 cucharadas de salsa de chile
- 2 dientes de ajo, picados
- 1 cucharada de cebolla en polvo
- 1 cucharada de aceite de sésamo
- Sal al gusto
- 2 cucharadas de semillas de sésamo para servir

Direcciones:

a) Precaliente su máquina Air Fryer a 185 grados F.

b) Coloque los ingredientes en la bolsa de vacío.

c) Selle la bolsa, colóquela en el baño de agua y programe el temporizador durante 1 hora.

d) Espolvorea los frijoles con semillas de sésamo y sirve.

68. Mezcla de berenjena con hierbas y calabacín

Para 4 personas

Ingredientes:

- 1 berenjena; aproximadamente en cubos
- 3 calabacines; aproximadamente en cubos
- 2 cucharadas de jugo de limón
- 1 cucharadita de tomillo; seco
- Sal y pimienta negra al gusto
- 1 cucharadita de orégano; seco
- 3 cucharadas de aceite de oliva

Direcciones:

a) Ponga la berenjena en un plato que se ajuste a su freidora, agregue calabacines, jugo de limón, sal, pimienta, tomillo, orégano y aceite de oliva, revuelva, introduzca en su freidora y cocine a 360 °F, por 8 minutos.

b) Divida entre platos y sirva de inmediato.

69. Bok choy hervido

Sirve: 2

Ingredientes:

- 1 diente de ajo, machacado
- 1 manojo de bok choy, recortado
- 1 taza o más de agua
- Sal y pimienta para probar

Direcciones:
a) Agregue el agua, el ajo y el bok choy a la olla instantánea.
b) Asegure la tapa y seleccione la función "Manual" durante 7 minutos con alta presión.
c) Después del pitido, realice una liberación rápida y retire la tapa.
d) Cuele el bok choy cocido y transfiéralo a un plato.
e) Espolvorea un poco de sal y pimienta por encima.
f) Atender.

70. Papas fritas con berenjena Air Fryer

PORCIONES: 2

Ingredientes
- 2 berenjenas tiernas

- 2 huevos grandes

- 1 taza de panko de cerdo

- $\frac{1}{4}$ taza de queso parmesano rallado

- 1 cucharadita de ajo en polvo

- 1 cucharadita de perejil seco

- $\frac{1}{2}$ cucharadita de orégano seco

- $\frac{1}{2}$ cucharadita de albahaca seca

- $\frac{1}{4}$ de cucharadita de tomillo seco

- $\frac{1}{4}$ de cucharadita de romero seco

- 2 cucharaditas de queso parmesano rallado

- salsa marinara tibia (para mojar)

Direcciones:
a) Corta el tallo y los extremos de las flores de las berenjenas. Pelar la piel morada de las berenjenas.

b) Corta la berenjena pelada en rebanadas de $\frac{1}{2}$ pulgada (1,27 cm) de grosor que tengan aproximadamente 4-4$\frac{1}{2}$ pulgadas (10-11 cm) de largo. Trate de hacerlos todos del mismo tamaño para una cocción más pareja. Cortar palitos de berenjena más gruesos o más delgados alterará el tiempo de fritura al aire.

c) Bate dos huevos en un tazón mediano.

d) En un segundo tazón, mezcle el panko de cerdo, $\frac{1}{4}$ de taza de queso parmesano, ajo en polvo, perejil, orégano, albahaca, tomillo y romero.

e) Sumerja cada berenjena frita en los huevos y luego cúbrala con la mezcla de panko de cerdo. Coloque las papas fritas en una sola capa que no se toque en las bandejas de su freidora. Cubre todas las papas fritas.

f) Consejo: ¡No amontone las papas fritas en las bandejas de la freidora! Cocínelos en lotes múltiples si es necesario.

g) Coloque las papas fritas con berenjena y parmesano en la freidora durante 5 minutos a 375 °F (190 °C). Luego cambie la posición de las bandejas en el horno de la freidora y cocine 5 minutos adicionales a 375 °F (190 °C). No deberías necesitar voltear las papas fritas.

h) Si las berenjenas fritas no están lo suficientemente tiernas en el medio en este punto, cambie la posición de las bandejas de la freidora una vez más. Freírlos al aire 2-3 minutos más a 375 °F (190 °C).

i) Espolvorea las berenjenas fritas con las 2 cucharaditas restantes de queso parmesano. Deje que se enfríen un poco antes de servir con salsa marinara tibia.

71. Papas fritas con colirrábano Air Fryer

RENDIMIENTO: 6

Ingredientes

- 1 libra de aceite de oliva virgen extra

- 2 cucharadas de sal kosher gruesa

- 1 cucharadita de pimentón

- 1 cucharadita de ajo en polvo

- $\frac{1}{2}$ cucharaditas

Direcciones:

a) Usa un cuchillo de chef afilado para cortar las hojas de la raíz de colinabo.

b) Corta la dura piel exterior de la raíz.

c) Una vez pelada, la raíz debe cortarse en rodajas de $\frac{1}{4}$" y luego cortarse en juliana de $\frac{1}{4}$" de grosor.

d) Coloque las tiras en juliana en un tazón grande para mezclar.

e) Agregue el resto de los ingredientes y mezcle bien. Agregue la mitad de las papas fritas en la canasta de la freidora y cocine a 350 F durante 10 minutos.

f) Agite la canasta y luego cocine a una temperatura más alta por un tiempo más corto, que es de 6 minutos a 400 F. Repita con las papas fritas restantes. T

72. Encurtidos de pepino en rodajas

Hace alrededor de 1 taza

Ingredientes

- 1 taza de pepino, cortado en rodajas de $\frac{1}{4}$ de pulgada
- 1 cucharadita de cebolla en polvo
- 2 cucharadas de jugo de limón

Direcciones

a) En un tazón, mezcle los ingredientes. Colocar en una prensa de salmuera, bajo presión.

b) O coloca un plato sobre la mezcla en el tazón y apila platos pesados encima.

c) Reservar a temperatura ambiente durante un día.

d) Esto se mantendrá en la nevera durante varios días.

73.   Ñames Confitados

Para 4 personas

Ingredientes:

- 4 ñames o camotes, pelados
- 1 o 2 cucharadas de miel cruda o néctar de agave crudo

Direcciones

a) En un procesador de alimentos, usando la cuchilla S, procese los ñames hasta que quede suave.

b) Agregue el edulcorante poco a poco, procese cada vez que lo agregue y luego pruebe hasta alcanzar la dulzura deseada.

c) Tenga cuidado de no endulzar demasiado.

74. Aguacates rellenos de col

Porciones: 4

Ingredientes

- 2 tazas de repollo rojo rallado
- 3/4 taza de zanahoria rallada
- 1/2 taza de cebolla morada rallada
- Zumo de 1 lima
- 2 aguacates, partidos por la mitad y sin hueso

Direcciones

a) En un tazón mediano, mezcle ambos repollos, la zanahoria y la cebolla roja.

b) Vierta el jugo de lima sobre la mezcla de repollo y revuelva para combinar.

c) Con cuidado, haz un agujero en cada mitad de aguacate. ¡Rellena con la ensalada y disfruta!

75. Rollos de calabacín crudo

Porciones: 3

Ingredientes

- 1 calabacín mediano
- 150 g de queso crema de anacardos
- 2 cucharadas de jugo de limón
- 5 hojas de albahaca fresca
- puñado de nueces

Direcciones

a) En un tazón, mezcle el queso de marañón con jugo de limón y albahaca recién picada.

b) Añadir un puñado de nueces picadas.

c) Con un pelador de papas, corte tiras largas de calabacín,

d) Ponga aproximadamente 1 cucharadita de mezcla de queso en cada tira.

e) Enrolle la tira de calabacín sobre la mezcla de queso y adorne con albahaca fresca.

76.   Champiñones Rellenos Con Pesto De Anacardos

Porciones 12 champiñones

Ingredientes

- 10 onzas. champiñones Cremini enteros, sin los tallos centrales
- 15-20 hojas grandes de albahaca
- jugo y ralladura de 1 limón
- 2/3 taza de anacardos crudos
- Pimienta negra al gusto

Direcciones

a) En un procesador de alimentos o licuadora combine la albahaca, el jugo de limón y los anacardos.

b) Sazone con pimienta y pulse el procesador de alimentos hasta que esté picado.

c) Mezcle durante unos 30 segundos hasta que el pesto esté suave y cremoso.

d) Coloque las tapas de los champiñones con el lado abierto hacia arriba en un plato para servir. Vierta el pesto en las tapas de los champiñones.

e) Cubre con ralladura de limón y decora con un anacardo entero.

77. Ensalada Caprese De Aguacate

Porciones: 6 porciones

Ingredientes

- 4 tomates reliquia medianos
- 3 aguacates medianos
- 1 manojo grande de albahaca fresca
- 1 limón en jugo

Direcciones

a) Cortar el aguacate alrededor del ecuador y quitar el carozo. Cortar en rodajas, luego quitar la cáscara.

b) Mezcle ligeramente las rodajas de aguacate en jugo de limón.

c) Cortar los tomates.

d) Coloca capas de rodajas de tomate, rodajas de aguacate y hojas de albahaca. ¡Disfrutar!

78.   Barcos de tacos crudos

Porciones 4

Ingredientes

- 1 cabeza de lechuga romana
- 1/2 taza de hummus de betabel crudo
- 1 taza de tomates cherry partidos por la mitad
- 3/4 taza de repollo rojo en rodajas finas
- 1 aguacate maduro mediano (en cubos)

Direcciones

a) Acomode los botes de lechuga en un plato para servir y comience a llenar con 1-2 cucharadas (15-30 g) de hummus.

b) Luego cubra con tomates, repollo y aguacate.

79.   nachos de manzana

Rendimiento: 1 porciones

Ingredientes

- 2 manzanas a elección
- ⅓taza de mantequilla de nuez natural
- un puñado pequeño de coco rallado
- espolvorear canela
- 1 cucharada de jugo de limón

Direcciones

a) Manzanas: Lave, quite el corazón y corte las manzanas en rodajas de ¼ de pulgada.

b) Coloque las rodajas de manzana en un tazón pequeño con el jugo de limón, revuelva para cubrir.

c) Mantequilla de nuez: Caliente la mantequilla de nuez hasta que esté tibia y algo líquida.

d) Rocíe la mantequilla de nuez con un movimiento circular, desde el centro del plato hasta el borde exterior.

e) Cubra con hojuelas de coco y espolvoree canela.

80.   Bolas crudas sin carne

Ingredientes

- 1 taza de semillas de girasol crudas
- $\frac{1}{2}$ taza + 1 cucharada de mantequilla de almendras cruda
- 4 tomates secados al sol, remojados
- 3 cucharadas de albahaca fresca, rallada
- 1 cucharadita de aceite de nuez

Direcciones

a) Combine todos los ingredientes en el procesador de alimentos y mezcle hasta que la mezcla alcance una textura similar a la carne molida.

b) Saque la mezcla en cucharaditas colmadas y forme cada albóndiga.

c) Esta mezcla se puede servir como bolas sobre pasta cruda de calabacín.

d) ¡También combina bien con salsa marinara, crema agria de anacardos o pesto!

81.   Pasta De Zanahoria Cruda

Para 6

Ingredientes:

- 5 zanahorias grandes, peladas y en espiral
- 1/3 taza de anacardos
- 2 cucharadas de cilantro fresco, picado
- 1/3 taza de salsa de maní con jengibre y lima o cualquier salsa cruda

Direcciones

a) Coloque todos los fideos de zanahoria en un tazón grande para servir.

b) Vierta la salsa de maní con jengibre y lima sobre los fideos y mezcle suavemente.

c) Sirva con anacardos y cilantro recién picado.

82.   Pasta de calabacín

Ingredientes:

- 1 calabacín
- 1 taza de tomates
- 1/2 taza de tomates secados al sol
- 1.5 dátiles medjool

Direcciones

a) Cortar los calabacines en forma de fideos utilizando un espiralizador o un pelador de juliana.

b) Mezcle el resto de los ingredientes en una licuadora de alta velocidad y mezcle.

83.   Sopa de champiñones shiitake

Hace 6 porciones

Ingredientes

- 6 tazas de hongos shiitake secos
- 10 tazas de agua
- 2 cucharadas de nama shoyu
- 1 cucharada de cebollín fresco picado

Direcciones

a) Ponga los champiñones y el agua en un recipiente grande y colóquelo en el refrigerador, tapado, durante unas 8 horas.

b) Cuando esté listo, escurra el agua de los champiñones en otro tazón o recipiente.

c) Revuelva el nama shoyu en el caldo de champiñones.

d) Retire y deseche los tallos de los champiñones y pique las tapas.

e) Agregue los champiñones picados al caldo y cubra con las cebolletas picadas.

84.   Coliflor Brócoli 'Arroz'

Porciones: 2-3 Porciones

Ingredientes

- 1 cabeza de coliflor
- 2 tazas de brócoli, picado
- 3 tapas de cebolla verde
- $\frac{3}{4}$ taza de pimiento, picado
- $\frac{1}{4}$ taza de edamames

Direcciones

a) Rompa la coliflor en floretes y enjuague bien.

b) Corte los floretes en trozos más pequeños y coloque unos cuantos puñados en el procesador de alimentos a la vez.

c) Pulse durante unos 5-10 segundos, si usa una licuadora, empuje hacia abajo la coliflor con el tamper.

d) Coloque la mezcla de coliflor en un tazón y agregue los ingredientes restantes.

e) Deje reposar durante al menos 30 minutos, revolviendo ocasionalmente.

85. Fideos de calabacín con semillas de calabaza

Sirve 1-2

Ingredientes

- 2 calabacines pequeños
- 1/4 taza de semillas de calabaza crudas
- 2 cucharadas de levadura nutricional
- 1/4 taza de hojas de albahaca/otras hierbas frescas
- Tanta leche de nuez o agua como sea necesario

Direcciones

a) Para hacer los fideos, corte los calabacines en una mandolina o una cortadora en espiral. Ponga a un lado en un tazón grande.

b) Para hacer la salsa, mezcle todos los ingredientes hasta que quede suave (agregando agua o leche de nuez lentamente).

c) Masajee la salsa en los fideos hasta que estén cubiertos uniformemente.

d) Déjalos reposar por un minuto para que se ablanden y se marinen.

86.   Champiñones Marinados Con Limón Y Perejil

HACE 1

Ingredientes

- 6 do. champiñones blancos
- $\frac{1}{2}$ de 1 cebolla blanca dulce
- $\frac{1}{2}$ taza perejil picado
- $\frac{1}{4}$ c. jugo de limon
- $\frac{1}{4}$ c. aceite de nuez

Direcciones

a) Combine todos los ingredientes de la marinada en un tazón pequeño.

b) Pica todos los champiñones de aproximadamente $\frac{1}{4}$ de pulgada de grosor y colócalos en un tazón grande.

c) Vierta la marinada sobre los ingredientes y mezcle hasta que todo esté completamente cubierto.

d) Vacíe los champiñones en una bolsa de congelador Ziploc de 1 galón y exprima todo el aire que pueda.

e) Refrigera los champiñones durante al menos 4 horas. Aproximadamente una vez por hora, retire la bolsa y voltéela para mover un poco los ingredientes.

f) Pasado el tiempo suficiente, sácalos de la nevera, sírvelos y disfrútalos.

87.   Rollitos de primavera veganos

Porciones 4 porciones

Ingredientes

- 6 envoltorios de papel de arroz
- 1 zanahoria en juliana
- 1/2 pepino mediano en juliana
- 1 pimiento rojo en juliana
- 100 gramos o 1 taza de repollo rojo en rodajas

Direcciones

a) Comience empapando el papel de arroz según las instrucciones del paquete.

b) Preparar todas las verduras antes de montar los rollos.

c) Coloque su primer envoltorio en una tabla de cortar y coloque una pequeña porción de sus rodajas de vegetales muy apretadas.

d) Enrolle todo firmemente, como un burrito, doblando los lados del rollo de papel de arroz hasta la mitad.

e) Corta cada rollo por la mitad y sirve.

88.   Curry de calabaza con semillas picantes

Ingredientes

- 3 tazas de calabaza – picada en trozos de 1-2 cm
- 2 cucharadas de aceite
- $\frac{1}{2}$ cucharada de semillas de mostaza
- $\frac{1}{2}$ cucharada de semillas de comino
- Pellizcar asafétida
- 5-6 hojas de curry
- $\frac{1}{4}$ de cucharada de semillas de fenogreco
- 1/4 cucharada de semillas de hinojo
- 1/2 cucharada de jengibre rallado
- 1 cucharada de pasta de tamarindo
- 2 cucharadas de coco molido seco
- 2 cucharadas de cacahuate molido tostado
- Sal y azúcar moreno o jaggery al gusto
- hojas de cilantro fresco

Direcciones

a) Calentar el aceite y agregar las semillas de mostaza. Cuando revienten, agregue el comino, el fenogreco, la asafétida, el jengibre, las hojas de curry y el hinojo. Cocine por 30 segundos.

b) Agrega la calabaza y la sal. Agregue la pasta de tamarindo o agua con pulpa adentro. Agregue el azúcar moreno o moreno. Agregue coco molido y polvo de maní. Cocine por unos minutos más. Agregue cilantro fresco picado.

89.   Curry De Pescado Al Tamarindo

Para 4 personas

Ingredientes
- 11/2 libras, pescado blanco, cortado en trozos
- 3/4 cucharadita y 1/2 cucharadita de cúrcuma en polvo
- 2 cucharaditas de pulpa de tamarindo remojadas en 1/4 taza de agua caliente por 10 minutos
- 3 cucharadas de aceite vegetal
- 1/2 cucharadita de semillas de mostaza negra
- 1/4 cucharadita de semillas de fenogreco
- 8 hojas de curry frescas
- cebolla grande, picada
- Chiles verdes serranos, sin semillas y picados
- tomates pequeños, picados
- 2 chiles rojos secos, machacados aproximadamente
- 1 cucharadita de semillas de cilantro, machacadas
- 1/2 taza de coco deshidratado sin azúcar
- Sal de mesa, al gusto
- 1 taza de agua

Direcciones
a) Coloque el pescado en un tazón. Frote bien con 3/4 de cucharadita de cúrcuma y deje reposar durante unos 10 minutos. Enjuague y seque.

b) Colar el tamarindo y reservar el líquido. Deseche el residuo.

c) En una sartén grande, caliente el aceite vegetal. Agregue las semillas de mostaza y las semillas de fenogreco. Cuando comiencen a chisporrotear, agregue las hojas de curry, las cebollas y los chiles verdes. Saltee durante 7 a 8 minutos o hasta que las cebollas estén bien doradas.

d) Agregue los tomates y cocine por otros 8 minutos o hasta que el aceite comience a separarse de los lados de la mezcla. Agregue la 1/2 cucharadita restante de cúrcuma, los chiles rojos, las semillas de cilantro, el coco y la sal; mezcle bien y cocine por otros 30 segundos.

e) Agrega el agua y el tamarindo colado; llevar a hervir. Bajar el fuego y agregar el pescado. Cocine a fuego lento durante 10 a 15 minutos o hasta que el pescado esté completamente cocido. Servir caliente.

90. curry de quimbombó

Ingredientes

- 250 g de quimbombó (dedo de mujer) – cortado en trozos de un cm
- 2 cucharadas de jengibre rallado
- 1 cucharada de semillas de mostaza
- 1/2 cucharada de semillas de comino
- 2 cucharadas de aceite
- Sal al gusto
- Pellizcar asafétida
- 2-3 cucharadas de cacahuete tostado en polvo
- Hojas de cilantro

Direcciones

a) Calentar el aceite y agregar las semillas de mostaza. Cuando revienten, agregue el comino, la asafétida y el jengibre. Cocine por 30 segundos.

b) Agregue la okra y la sal y revuelva hasta que esté cocido. Agregue el polvo de maní, cocine por otros 30 segundos.

c) Servir con hojas de cilantro.

91.   Curry de coco vegetal

Ingredientes

- 2 papas medianas, cortadas en cubos
- 1 1/2 tazas de coliflor – cortada en floretes
- 3 jitomates picados en trozos grandes
- 1 cucharada de aceite
- 1 cucharada de semillas de mostaza
- 1 cucharada de semillas de comino
- 5- 6 hojas de curry
- Una pizca de cúrcuma - opcional
- 1 cucharada de jengibre rallado
- hojas de cilantro fresco
- Sal al gusto
- Coco fresco o seco - rallado

Direcciones

a) Caliente el aceite y luego agregue las semillas de mostaza. Cuando revienten, agregue las especias restantes y cocine por 30 segundos.

b) Agregue la coliflor, el tomate y la papa más un poco de agua, tape y cocine a fuego lento, revolviendo ocasionalmente hasta que esté cocido. Debería quedar algo de líquido. Si quieres un curry seco, fríelo durante unos minutos hasta que el agua se haya evaporado.

c) Agrega el coco, la sal y las hojas de cilantro.

92.   Curry De Verduras Básico

Ingredientes:

- 250 gramos de verduras picadas

- 1 cucharadita de aceite

- $\frac{1}{2}$ cucharadita de semillas de mostaza

- $\frac{1}{2}$ cucharadita de semillas de comino

- Pellizcar asafétida

- 4-5 hojas de curry

- $\frac{1}{4}$ de cucharadita de cúrcuma

- $\frac{1}{2}$ cucharadita de cilantro en polvo

- Pizca de chile en polvo

- jengibre rallado

- hojas de cilantro fresco

- Azúcar/jaggery y sal al gusto

- coco fresco o seco

Direcciones

a) Corte la verdura en trozos pequeños (1-2 cm) dependiendo de la verdura.

b) Caliente el aceite y luego agregue las semillas de mostaza. Cuando salten, agregue el comino, el jengibre y las especias restantes.

c) Agregue las verduras y cocine. En este punto puede que quieras freír las verduras hasta que estén cocidas o añadir un poco de agua, tapar la olla y cocinar a fuego lento.

d) Cuando las verduras estén cocidas, agregue azúcar, sal, coco y cilantro.

93.   Curry de frijoles negros y coco

Ingredientes

- ½ taza de frijoles de ojo negro, germinados si es posible
- 2 tazas de agua
- 1 cucharada de aceite
- 1cucharada de semillas de mostaza
- 1cucharada de semillas de comino
- 1 cucharada de asafétida
- 1 cucharada de jengibre rallado
- 5- 6 hojas de curry
- 1 cucharada de cúrcuma
- 1 cucharada de cilantro en polvo
- 2 tomates - picados
- 1- 2 cucharada. maní tostado en polvo
- hojas de cilantro fresco
- Coco fresco, rallado
- Azúcar y sal al gusto

Direcciones

a) Remoje los frijoles en agua durante 6 a 8 horas o toda la noche. Cocine los frijoles en una olla a presión o hierva en una olla.

b) Calentar el aceite y agregar las semillas de mostaza. Cuando revienten, agregue las semillas de comino, la asafétida, el jengibre, las hojas de curry, la cúrcuma y el cilantro en polvo. Agregue polvo de maní tostado y tomates.

c) Agregue los frijoles y el agua. Continúe revolviendo ocasionalmente hasta que esté completamente cocido.

d) Añadir más agua si es necesario. Agrega azúcar y sal al gusto, decora con hojas de cilantro y coco.

94.   curry de repollo

Ingredientes

- 3 tazas de repollo - rallado

- 1 cucharadita de aceite

- 1 cucharadita de semillas de mostaza

- 1 cucharadita de semillas de comino

- 4-5 hojas de curry

- Una pizca de cúrcuma r opcional

- 1 cucharadita de jengibre rallado

- hojas de cilantro fresco

- Sal al gusto

- Opcional – $\frac{1}{2}$ taza de guisantes verdes

Direcciones

a) Caliente el aceite y luego agregue las semillas de mostaza. Cuando revienten, agregue las especias restantes y cocine por 30 segundos.

b) Agregue el repollo y otras verduras si las usa, revolviendo ocasionalmente hasta que estén bien cocidas. Si es necesario se puede agregar agua.

c) Agregue sal al gusto y hojas de cilantro.

95.   curry de coliflor

Ingredientes

- 3 tazas de coliflor – cortada en floretes

- 2 tomates - picados

- 1 cucharadita de aceite

- 1 cucharadita de semillas de mostaza

- 1 cucharadita de semillas de comino

- una pizca de cúrcuma

- 1 cucharadita de jengibre rallado

- hojas de cilantro fresco

- Sal al gusto

- Coco fresco o seco - rallado

Direcciones

a) Caliente el aceite y luego agregue las semillas de mostaza. Cuando revienten, agregue las especias restantes y cocine por 30 segundos. Si lo usa, agregue los tomates en este punto y cocine por 5 minutos.

b) Agregue la coliflor y un poco de agua, cubra y cocine a fuego lento, revolviendo ocasionalmente hasta que esté completamente cocido.

c) Si desea un curry más seco, en los últimos minutos quite la tapa y fríalo. Agrega el coco en los últimos minutos.

96. Curry De Patata, Coliflor Y Tomate

Ingredientes:

- 2 papas medianas, cortadas en cubos

- 1 1/2 tazas de coliflor, cortada en floretes

- 3 jitomates picados en trozos grandes

- 1 cucharadita de aceite

- 1 cucharadita de semillas de mostaza

- 1 cucharadita de semillas de comino

- 5- 6 hojas de curry

- Una pizca de cúrcuma - opcional

- 1 cucharadita de jengibre rallado

- hojas de cilantro fresco

- Coco fresco o seco - rallado

Direcciones

a) Caliente el aceite y luego agregue las semillas de mostaza. Cuando revienten, agregue las especias restantes y cocine por 30 segundos.

b) Agregue la coliflor, el tomate y la papa más un poco de agua, tape y cocine a fuego lento, revolviendo ocasionalmente hasta que esté cocido. Agrega el coco, la sal y las hojas de cilantro.

97.   calabaza Curry

Ingredientes:

- 3 tazas de calabaza – picada en trozos de 1- 2 cm

- 2 cucharaditas de aceite

- $\frac{1}{2}$ cucharadita de semillas de mostaza

- $\frac{1}{2}$ cucharadita de semillas de comino

- Pellizcar asafétida

- 5- 6 hojas de curry

- $\frac{1}{4}$ de cucharadita de semillas de fenogreco

- 1/4 cucharadita de semillas de hinojo

- 1/2 cucharadita de jengibre rallado

- 1 cucharadita de pasta de tamarindo

- 2 cucharadas de coco molido seco

- 2 cucharadas de cacahuate molido tostado

- Sal y azúcar moreno o jaggery al gusto

- hojas de cilantro fresco

Direcciones

a) Calentar el aceite y agregar las semillas de mostaza. Cuando revienten, agregue el comino, el fenogreco, la asafétida, el jengibre, las hojas de curry y el hinojo. Cocine por 30 segundos.

b) Agrega la calabaza y la sal.

c) Agregue la pasta de tamarindo o agua con pulpa adentro. Agregue el azúcar moreno o moreno.

d) Agregue coco molido y polvo de maní. Cocine por unos minutos más.

e) Agregue cilantro fresco picado.

98.   Verduras salteadas

Ingredientes:

- 3 tazas de vegetales picados
- 2 cucharaditas de jengibre rallado
- 1 cucharadita de aceite
- $\frac{1}{4}$ de cucharadita de asafétida
- 1 cucharada de salsa de soja
- Hierbas frescas

Direcciones

a) Calienta el aceite en el sarten. Agregue la asafétida y el jengibre. Freír durante 30 segundos.

b) Agregue las verduras que necesitan cocinarse por más tiempo, como la papa y la zanahoria. Freír por un minuto y luego agregar un poco de agua, tapar y cocinar a fuego lento hasta que esté medio cocido.

c) Agregue las verduras restantes como el tomate, el maíz dulce y el pimiento verde. Añadir la salsa de soja, el azúcar y la sal. Tape y cocine a fuego lento hasta que esté casi cocido.

d) Retira la tapa y fríe por unos minutos más.

e) Agregue las hierbas frescas y deje unos minutos para que las hierbas se mezclen con las verduras.

99.   Curry de calabaza blanca

Ingredientes:

- calabaza blanca de 250 gramos

- 1 cucharadita de aceite

- ½ cucharadita de semillas de mostaza

- ½ cucharadita de semillas de comino

- 4-5 hojas de curry

- una pizca de cúrcuma

- Pellizcar asafétida

- 1 cucharadita de jengibre rallado

- 1 a 2 cucharadas de polvo de maní tostado

- Azúcar moreno y sal al gusto

Direcciones

a) Calentar el aceite y agregar las semillas de mostaza. Cuando revienten, agregue el comino, las hojas de curry, la cúrcuma, la asafétida y el jengibre. Cocine por 30 segundos.

b) Agregue la calabaza blanca, un poco de agua, cubra y cocine a fuego lento, revolviendo ocasionalmente hasta que esté cocido.

c) Agregue el polvo de maní tostado, el azúcar y la sal y cocine por otro minuto.

100. Tubérculos asados y sorgo

8 porciones

Ingredientes

- 1 taza de cebollas perla, peladas
- 16 zanahorias baby, peladas y cortadas por la mitad a lo largo (alrededor de 1 libra)
- 12 nabos pequeños, pelados y cortados por la mitad a lo largo (alrededor de 1 libra)
- 2 cucharaditas de aceite de coco
- 2 cucharadas de sorgo
- 2 cucharadas de vinagre de sidra
- 1 cucharada de cebollín fresco picado
- $\frac{1}{2}$ cucharadita de sal kosher
- $\frac{1}{4}$ de cucharadita de pimienta negra molida
- Pizca de semillas de sésamo

Direcciones

a) Precalentar el horno a 450°.

b) Coloque las cebollas, las zanahorias y los nabos en una sartén.

c) Rocíe con aceite de coco y revuelva suavemente para cubrir. Hornee por 15 minutos.

d) Combina el sorgo y el vinagre. Rocíe la mitad de la mezcla de sorgo sobre la mezcla de zanahoria y revuelva suavemente para cubrir.

e) Hornee por 15 minutos adicionales o hasta que las verduras estén tiernas. Rocíe con la mezcla de sorgo restante.

f) Espolvorea uniformemente cebollino fresco picado, sal, semillas de sésamo y pimienta negra recién molida.

CONCLUSIÓN

¿Necesitas un poco de ayuda para comer más verduras? Este libro destaca los métodos más comunes para cocinar verduras, ¡todos los cuales son formas saludables de preparar verduras que realmente saben bien! ¡Di adiós a las verduras empapadas y blandas y hola a tu nuevo grupo de alimentos favorito!